连玉明 主编

中国脱贫攻坚的社会调查

山村调查

第一卷

社会科学文献出版社
SOCIAL SCIENCES ACADEMIC PRESS (CHINA)

编 委 会

汪治国　张国华　孙清香　肖连春
赵灵灵　朱盼盼　王　琨　陈盈瑾
蒋　璞　姜思宇　李明环　洪羽婕
陈淑琴　高桂芳　蒋承恭　黄晓洁
米雅钏　翟萌萌　宋　馨　文　颖
梅　杰　陈　林　胡亚男　张　清
罗　荣　季雨涵　郑　婷　吴峻寒
梁凤娥　姜似海　李龙波　程　茹
彭小林　萧　伟　王　怡　严　旭
易康宁　谢思琪　刘珮琪　裴　飞
陈　贝　陈名彬　彭婷婷　钱　超
李　超　刘　胤　李明星　陈万涛
韦　佳

序

　　北京国际城市发展研究院与贵阳创新驱动发展战略研究院和铜仁市人民政府发展研究中心合作，组织调研团队，赴铜仁市万山区进行调研，其中对几十个村落的调查，形成了这里五卷本的《山村调查》。这套书的主编、北京国际城市发展研究院的院长连玉明教授邀我为该书作序，我欣然接受。

　　我很高兴连玉明教授作为城市问题研究的专家，能够把目光关注到乡村。今年，也就是2019年，是新中国成立70周年，我国的人均GDP达到了约1万美元，城镇化水平首次超过60%，但城乡发展之间的巨大差距和乡村发展的相对落后，仍然是我国发展的一个软肋。如果现有的5.6亿农民不能普遍富裕起来，不能实现生活的现代化，就很难实现整个国家的现代化。

　　2018年全国农村居民人均可支配收入为14617元，只是城镇居民人均可支配收入39251元的37%。而且农村发展本身也很不平衡，2018年浙江农村居民人均可支配收入为27302元，是贵州农村居民人均可支配收入9716元的2.8倍。所以说，总体上看，我国绝大多数农民还没有摆脱相对贫穷的状况。

我国农民人数众多，且绝大多数是小农，每个农户的平均耕地面积只有约0.5公顷，仅相当于欧洲农户平均耕地面积的1/80到1/60，农耕收入微薄。从东南亚一些农地缺乏的国家和地区的现代化经验看，农业普遍像西方国家那样实行规模化经营很难做到。而目前"80后"农村青年就已经很少务农，务农农民过早出现老龄化，很难再转移成非农劳动力。农产品价格也已经多数高于国际市场价格，靠政府补贴财政压力很大，难以为继。怎样让广大农民普遍富裕起来，成为中等收入群体，是我国面对的最大难题。实行新型城镇化，实现城乡一体化发展，促进农户的多样性经营，不断提高农产品的附加值和农民的兼业收入，可能是唯一的选择。

新型城镇化与乡村振兴，实际上是同一个问题的两面。没有乡村的振兴，就无法实现新型城镇化。

《山村调查》这套书在资源枯竭型地区转型和脱贫攻坚的大背景下，从微观角度分析了几十个村落或社区的探索与发展。我国目前有近70万个行政村，数百万个自然村，在城镇化的大潮中，这些村落的发展情况千差万别，从纯农业村、兼业村、工业村到城中村，呈现各具特色的发展面貌。《山村调查》的对象集中在贵州铜仁市万山区，"转型"是万山乡村发展的最突出特点。万山因历史上盛产朱砂而被誉为"朱砂王国"，也是新中国最早的县级行政特区，万山汞矿储量和产量均曾列世界前茅，有"汞都"之称。但到2002年，有630多年开矿历史的贵州汞矿因矿产资源枯竭而正式宣布实行政策性关闭，曾经辉煌的万山特区一度急剧衰落，被倒逼走上了转型之路。

万山的"转型"体现在许多方面，在工业上从采掘业向现代工业转型，在农业上"从田到棚"转型，在服务业上"从小到大"转型。特别值得一提的是，万山地处武陵山片区，那里既是我国山清水秀、生态优美的地方，也长期是集中连片的贫困区。近几年贵州交通快速发展，成为我国西部地区第一个县县通高速的省份，无数的隧道和高架桥把山区连接起来，实现了山区的开放。转型发展和道路的联通带动人才、资金、技术向农村流动，自驾游、乡村康养休闲、乡村旅居等多种走入乡村的产业兴起，乡村振兴和"逆城镇化"成为万山未来发展的新潮流和新动力。万山已经于2018年成功整体脱贫，消除了困扰已久的极端贫困。当然，让农民普遍富裕起来的路还很长。这套乡村调查的书所描绘的变化细节，成为真切观察我国乡村巨变的窗口，也成为资源枯竭地区成功转型的一个样板。

习近平总书记强调，"调查研究是谋事之基、成事之道。没有调查，就没有发言权，更没有决策权"。本书编写组在万山调研的过程中，将前期摸底调研和集中调研相结合，将实地考察和座谈访谈相结合，这种深入一线、扎根基层的调查研究方式，再次证明"做社会学研究，拼的就是社会调查的深入扎实"，值得所有哲学社会科学研究者学习。《山村调查》以资源枯竭型城市万山为窗口，系统介绍了当前我国后发地区脱贫攻坚的积极探索和典型经验，深刻揭示了当前我国后发地区在发展中面临的突出问题，并有针对性地提出了对策建议。这些经验与建议既是万山的，也是贵州的，更是中国的。"观一叶而知秋"，这便是哲学社会科学研究的意义和价值所在。

是为序。

全国人民代表大会社会建设委员会副主任委员

中国社会科学院原副院长、学部委员

2019年10月20日于北京

目录

第一篇

万山镇

贵州汞矿这个曾经为国家建设发展做出巨大贡献的企业，在完成了历史使命后，现正以另一种形式延续着它的生命，这生命里流淌的是汞矿人努力拼搏、无私奉献的情怀和精神。

世上有朵美丽的花，那是青春吐芳华。铮铮硬骨绽花开，淋漓鲜血染红它。世上有朵美丽的花，那是青春放光华。花载亲人上高山，顶天立地迎彩霞。"那个年代"定格了我们老一辈工农革命先辈永远的"芳华"。

清脆的石板路、肃穆的苏联专家楼和大礼堂上"中国共产党万岁"大标语，让我们回想起工农革命队伍"工业学大庆"的热火朝天和"农业学大寨"的如火如荼以及"有色学贵汞"的辉煌时代。

深挖工业文化内涵
推动文旅融合发展

——土坪社区调研报告

　　2018年10月17~19日，铜仁市万山区转型可持续发展大调研第三小组石龙学、汪治国赴万山镇土坪社区开展了为期3天的调研。17日上午，调研人员先在社区党支部书记杨红燕和居委会主任但英杰的陪同下，实地察看了社区面貌，了解了该社区转型发展前后的历史变迁。随后与社区"三委"（党支部、居委会、居务监督委员会）成员及党员群众代表共12位同志举行了座谈会，从社区概况、辖区居民特点、转型发展历程、社保与就业等民生工作方面详细介绍了社区情况。下午，调研组对杨红燕书记进行了深度访谈。18日上午，调研组访谈了社区致富带头人、农家乐经营者潘莲秀，下午访谈了社区春晖社 ① 成员陈通

---

① "春晖行动"，是共青团贵州省委于2004年根据唐代诗人孟郊《游子吟》的感人意境，创意发起的一项大型社会公益活动，旨在"弘扬中华文明，反哺故土亲人"，充分发挥"亲情、乡情、友情"的情感纽带作用，激发赤子情怀，感召游子返乡，共同促进家乡经济文化发展，促进社会和谐进步。该项行动在全省各乡村、社区聘请"春晖使者"建立"春晖社"开展活动。

福。19日上午，调研组先后访谈了返乡就业人员、矿工后代、现任铜仁市吉阳旅游开发有限公司党委副书记吴计系，以及原贵州汞矿退休小学教师王湘云。调研中调研组收集了土坪社区简介、2010~2017年工作总结、春晖社相关情况等资料30多份以及图片资料数百张。土坪社区是朱砂古镇所属两个社区之一（另一个是与土坪社区交界的三角岩社区），环境优美，风景如画，作为原贵州汞矿[①] 行政办公中心，社区有大规模老建筑，保存完整，特色鲜明，文化旅游业发展潜力巨大。

一、基本概况及历史沿革

（一）基本信息

土坪社区位于东经109° 11′~109° 25′、北纬27° 30′~27° 62′，西与三角岩社区相邻，东北、东南分别与敖寨、下溪两乡相接，海拔800米左右。辖区土地面积3.4平方公里，共11个居民小组（其中2个村民组[②]——土坪组和大水溪组），居民以汉族和侗族为主，有刘姓、杨姓两大姓氏。社区户籍总人口1299户、2095人，实际常住人口1236户、1521人；其中60岁以上老人743人，占户籍总人口的35%；90岁以上老人5位，分别是张忠坚（男，100岁）、杨妹苟（女，92岁）、马菊珍（女，94岁）、段桂兰（女，94岁）、黄臣绪（男，91岁），均为原贵州汞矿退休工人（或遗孀）。目前社区有党员97人，分为8个党小组（其中一个

---

① "贵州汞矿"，即原中国有色工业总公司主管的集汞产品采、选、冶和汞系列产品生产于一体的国家大型矿山联合企业，2002年实施政策性关闭破产。

② "村民组"，指整体由农民转为居民的小组，其仍保留集体土地等资产，享受居民公共服务的同时，继续享受国家粮食补贴、退耕还林补贴等涉农政策。

2018年10月15日，连玉明院长搀扶土坪社区百岁老人张忠坚夫妇参加长桌宴。

流动党小组），其中60岁以上党员88人，占91%。有低保户262户、508人，离退休人员213人，享受遗属抚恤73人，空巢老人24位，留守儿童4名。

（二）基层组织概况

土坪社区现任党支部书记杨红燕，2008年进入社区工作，2017年开始担任党支部书记；社区居委会主任倡英杰，2008年进入社区工作，2017年换届中当选为居委会主任；居务监督委员会主任刘洪善，2017年当选。社区"三委"其他成员包括：党支部副书记陈之银和杨世杰、刘妹兰、钟菲、石霞、王湘云、陈再海6名委员。土坪社区暂时没有驻社区工作队干部，原驻社区干部2018年6月辞职后尚未增派。多年来，社区"两委"始终把班子团结作为提升工作执行力的首要任务来抓，注重发挥每一位成员的积极作用，形成了社区"两委"班子"合心、合拍、合力"的工作氛围。

社区现有一栋400平方米的办公楼，设有党员学习实践活动室、新时代市民讲习所、阅览室、"农家书屋"、远程教育电教室、技术培训中心等，社区成立了关工委、老年协会、计生协会、红白理事会、文艺宣传队、春晖社等组织，制定有《土坪社区居民公约》。

二、基础条件和特色优势

近年来，随着朱砂古镇①的开发运营，土坪社区基础设施有了很大改善，水、电、网络等全部覆盖，道路全部实现了硬化。社区现配有7名清洁工，负责社区的卫生环境清扫，城管局垃圾车每日清运。社区无教育、医疗、养老机构，朱砂古镇内有一个文化广场，可以作为社区居民休闲娱乐的活动场所。

社区无集体经济实体。大水溪组有田162亩、耕地181亩、公益林600亩。但2015年该组居民因地质灾害隐患全部搬迁后，田地已弃荒。社区在本地就业237人，其中在吉阳旅游公司（朱砂古镇）就业56人，外出务工491人。在朱砂古镇开办农家乐1户、摆摊商贩13户。

土坪社区最大的特色优势就是文化旅游资源丰富。社区地貌奇特，气候宜人，以喀斯特岩溶地貌为主的自然风光集山、水、林、洞于一体，独具特色。社区内有国家矿山公园、朱砂古镇、汞矿工业遗址博物馆、

---

① 朱砂古镇，即在原万山国家矿山公园基础上由江西吉阳实业集团投资、贵州铜仁吉阳旅游有限公司开发运营的景区，规划面积105平方公里，其中核心区5平方公里。

仙人洞、百丈悬崖、玻璃栈道、时光隧道等文化旅游景点。作为原贵州汞矿的行政中心，现在除了吉阳旅游公司利用老建筑开发的悬崖宾馆、悬崖酒店、东方红酒店、俄罗斯餐厅、人民公社食堂等之外，还有大量老建筑可利用，包括原贵州汞矿的银行、商店、粮食局、监狱、检察院、专家楼、科研楼、干部楼、工程师楼、医院、技工学校、铅印厂、酒厂、酱油厂、屠宰厂等，没有开发的老建筑统一由万山区所属金开公司管理，如果旅游业发展有需要，可随时开发利用。

三、创新实践及发展模式

近年来，土坪社区"两委"围绕为万山区转型发展和朱砂古镇旅游发展做好服务和为辖区居民做好服务这两个重心，以"知民心、暖民心、聚民心"为工作目标，本着"脱贫攻坚、旅游兴业、化解矛盾、改善环境、群众致富"的总体思路，始终坚持勤政为民和全心全意为人民服务这条主线，以倾情奉献精神赢得广大居民的信任和认同，在攻坚克难中体现出社区班子的非凡战斗力。

（一）创新实践：围绕"两个服务"做实事、办好事、解难事

用心服务居民。土坪社区有许多贵州汞矿的退休老干部、老工人，是一个党员年龄偏大、困难群众多、空巢老人多的社区，社区"两委"始终坚持把群众关心的热点难点问题作为工作的重点，尽最大努力及时解决涉及群众切身利益的问题，并建立了党员群众关怀机制。秋冬雨季，社区"两委"成员走家串户，居民的房子漏不漏、垮没垮，有没有取暖炉、安全工作到不到位，群众的冷暖都挂在他们的心上。社

2018年8月14日，连玉明院长一行与土坪社区党支部书记杨红燕、居委会主任倡英杰座谈交流。

区"两委"一直秉承"尊老为德、敬老为善、爱老为美、助老为乐"的原则，将关爱孤寡老人作为联系群众、服务群众的重要任务，每位成员都积极奔走在帮扶救困的工作一线上，时常为孤寡老人送药、送粮、购买生活用品。特别是雪凝冰冻①期间，社区"两委"班子成员组成援老服务队，帮助居民群众特别是空巢老人和留守儿童家庭挑水、清理门前积雪、疏通下水道等，做到哪里有困难哪里就有服务队的身影，得到广大居民群众的一致好评。

① "雪凝"，地方上通俗的叫法，气象上没有这个名称，它和冰冻的概念有点相似。冰冻就是雪降落到地面上时仍然是雪片，当白天温度升高后雪融化成水，到了一定的时间段如晚上温度下降到零度以下，融化后的雪水再度结冰。若反复冰冻严重的可达几十厘米厚。雪凝、凝冻是贵州主要灾害性天气之一，其出现次数之多居全国首位。其中时间最长、范围最广的一次凝冻发生在 2008 年 1~2 月。

社区党支部书记杨红燕给我们讲了几件事。孤寡老人姚桃妹是贵州汞矿工人遗属，丈夫去世后靠每月400多元抚恤金生活。2011年，老人向社区提出要回铜仁市碧江区滑石乡找继子。时任土坪社区居委会主任杨红燕、党支部书记倡英杰与万山区公安局治安大队队长谢元林一同驱车行驶百里，多方询问查访，将老人护送回滑石乡故里，老人一家感动不已。另一位90多岁的孤寡老人王国英，是社区的五保户，杨红燕和倡英杰也一直照顾着她的生活，在老人88岁生日时，社区成员为老人买了生日蛋糕、置办了一桌丰盛的生日晚餐，让老人过了一个幸福快乐的生日。老人激动地说："我一生无子，谢谢你们给我过生日，让我这个孤老太婆在有生之年也享受到儿孙满堂的天伦之乐。"王国英老人去世后，也是杨红英和倡英杰把老人送上山安葬。社区居民都夸他们是社区老人的好儿女。土坪社区有一个村民组——大水溪组有地质安全隐患，常发生滑坡落石。2014年3月连下了一个星期的雨，结果发生了较大的山体塌方落石，居委会联系了校车，每天晚上将村民接到社区幸福互助院住，并为他们送水送饭，白天再送回去干活儿，持续了一周。在此期间，经勘察灾情，上级政府研究后，决定对大水溪村民组实施整体搬迁。后来大水溪村民组92户、289人全部被安置到麻音塘和同心两个社区的廉租房（但仍属土坪社区居民）。杨红燕书记说，我们就是这样用心做事，实实在在为百姓办事、为他们服务，赢得了居民的充分信任和认可，在换届选举中高票当选。

真情服务企业。2015年，万山区引进吉阳旅游公司开发建设朱砂古镇。作为古镇核心区的"当家人"，土坪社区"两委"按照上级政府的规划部署，全力配合，积极为企业做好服务工作。建设古镇首先面临的就是居民搬迁。由于当时旅游业还没有开发起来，基础条件差，交通也不方便，搬迁居民可以选择安置到条件稍好的万山镇犀牛井社区和万山区谢桥街道的廉租房，大家基本都愿意搬迁。最大的困难是搬迁居民收入水平低，没有钱装修，住进去都困难，而且搬迁时间只有一个月。社区先开"三委"会，然后是党小组组长、居民小组组长开会宣传，再召集居民开大会，向拆迁户宣传政策，最后和拆迁公司逐个入户宣传做工作，最终一个月便完成了矿山公园改扩建征地及旅游便道的征地工作，157户全部顺利搬迁。

近年来，配合朱砂古镇旅游业发展，土坪社区完成了万亩红枫林种植、老建筑"修旧如旧"、原矿区街道风貌改造拆迁、影视城改造工程等"四大工程"，种植红枫500多亩，国家矿山公园和朱砂古镇基础设施建设等征地300多亩，拆迁搬迁456户。在朱砂古镇正式开园后的旅游旺季，社区干部和上级干部还一起帮景区协调交通管理、维持秩序；同时，多方协调辖区居民与景区的关系，在各方面做了大量工作，得到古镇开发运营企业的充分肯定。

化解矛盾促和谐，调处纠纷维稳定。在社区工作中，化解居民的各种矛盾纠纷、把它消灭在萌芽状态，从而维护好基层社会的和谐稳定是一项重要工作。特别是随着万山区转型发展的加速，伴随着征地拆迁增多，各种矛盾纠纷也有增加趋势。在这个过程中，土坪社区秉承"三句好话暖人心、一张笑脸化坚冰"的原则，对居民反映的大事小事都做到"耐心地听、认真地记、诚恳地讲、负责地报、及时地办"，把群众的事当作自己的事来办，化解了大量矛盾纠纷。用社区居委会主任侣英杰的话说，他们处理矛盾纠纷的办法就是"情"字下面三个字，一"听"二"看"三"劝"，也就是带着真情处理居民的矛盾纠纷，先听居民诉苦、发牢骚，在听的过程中找出矛盾纠纷的症结所在；

2018年10月15日，北京国际城市发展研究院党委书记、常务副院长朱颖慧，区政府办副主任杨胜元，万山镇党委副书记、镇长王宝兴，共青团万山区委挂职副书记陈俞丰，万山区民政局老龄委主任杨秀娣为五位90岁以上老人颁发"长寿之星"荣誉证书。

然后去现场看，了解真实情况；最后再调处，既分开劝矛盾纠纷双方，也把他们叫在一起商量，最后把矛盾纠纷化解掉。

社区书记杨红燕说，从她2011年担任土坪社区居委会主任开始，最恼火的一件事，就是开发岩鹰窝①景点时，村民不支持，不愿意去开发旅游、不愿意去做工。村民们的想法是"我们的土地为什么要让出来开这条路？"观念转变不过来。为此，杨红燕和镇上干部一起，白天黑夜地做村民的思想工作，给他们讲修了路外边的东西可以运进来、里面的东西也不用再肩挑背扛出去了，这样耐心地做工作最后才

---

① "岩鹰窝"，万山国家矿山公园的一个景点。

修通第一条路。"最难搞的是2017年开发特区酒吧一条街。"杨红燕说。酒吧街拆迁地就在杨红燕书记家所在的土坪组。征地拆迁前召开村民大会，大家都同意拆迁，但实际执行起来阻力还是非常大。为此，杨红燕拿出5000元动员自己的公公先搬家，然后带头拆了自家的房子。"即使这样，红燕书记也受了不少委屈，一些村民说了不少难听的话。"倪英杰补充说。在杨红燕的带领下，最终如期完成了酒吧一条街32户搬迁工作。

据统计，2014年土坪社区发生比较严重的矛盾纠纷10起，化解率100%；2015年仅上半年就发生各类重大矛盾纠纷22起，调节成功22起；另外，在国家矿山公园建设搬迁过程中，调解土地和其他纠纷53起；在特区酒吧一条街征地拆迁工作中，调解土地矛盾纠纷30余起。这些卓有成效的工作，为朱砂古镇建设、为万山区转型发展和实施"发展旅游、富民兴业"大计打下了良好的基础。旅游业发展过程中，虽然出现了各种各样的矛盾，但也推动了土坪社区的发展，解决了社区四五十人的就业和创业问题，改善了部分人的生活，一些居民在家门口就业，从而减少了留守儿童、空巢老人家庭，广大居民也是真心拥护旅游业的发展。

（二）亮点做法：关爱老人九九重阳敬老"长桌宴"活动

老人多，尤其是高龄老人、空巢老人、孤寡老人多，是万山镇几个社区的共同特点，也是万山转型发展面临的一个基本区情。这些老人为万山和国家的发展做出了重要贡献，他们对万山饱含着浓浓深情，也是万山转型发展的重要支持力量。照顾好老人，让他们幸福地安度晚年，是各级政府特别是社区的重要职责，也是创建和谐家庭、打造和谐社区、构建和谐社会的重要基础性工作。

十年来，土坪社区在关爱、关怀、关心老人上做了大量的实事、好事，受到社区居民的一致好评。为进一步弘扬中华民族爱老敬老的优秀传统美德，传承老矿区居民扶老助老的优良品质，努力在社会上营造尊老、敬老、爱老、助老的良好氛围，从2016年开始，土坪社区在每年九九重阳节（或重阳节前）举办九九重阳敬老"长桌宴"活动，邀请社区全体60岁以上老人和14岁以下儿童免费聚餐，并通过给90岁以上老人发放"长寿之星"荣誉证书、表彰"文明家庭""好媳妇""好婆婆"以及文艺演出等活动形式，为社区困难老职工、高龄老人、空巢老人、孤寡老人送上节日的暖意，让他们感受党和政府的亲切关怀，

2018年10月15日，土坪社区九九重阳敬老活动期间，土坪社区大合唱《咱们工人有力量》。

2018年10月15日，土坪社区九九重阳敬老活动期间，夕阳红乐队演奏《采茶花》。

感受万山转型发展带来的翻天覆地变化；让年轻人和孩子们在活动中感受尊老、敬老、爱老、助老的真、善、美，触动他们传承敬老孝老的精神文化；同时也通过活动增加社区居民之间的交流，增进乡邻街舍友谊，共建和谐幸福社区。2016年参加活动者近300人，2017年和2018年参加活动者均达500人。

土坪社区连续举办三年的九九重阳敬老"长桌宴"活动受到老人们的一致好评和社会各界的充分肯定，也得到了各方的大力支持，驻社区企事业单位和广大居民主动捐款捐物，积极参与服务老人，这项有意义的活动已经成为社区的一个品牌。

（三）发展模式："党建＋网格"夯实为民服务根基

近年来，土坪社区按照社会网格化管理工作模式，根据"便于

2018年10月15日，土坪社区九九重阳敬老活动期间，老人们在朱砂古镇大观园红色餐厅就餐。

管理、便于服务、界定清晰、包户集中、全面覆盖"的原则，以党小组为基础科学划分了社区网格，并成立了网格管理小组，形成"以党建管网格，以网格促党建"的社区发展格局。社区党员全部纳入网格管理，并在网格中发挥模范带头作用，有力增强了社区社会服务管理功能。社区每季度召开一次由居民代表、党小组组长、人大代表组成的评议会，对社区干部进行测评，并在社区全体党员中开展"党员双评"工作，从而有效地促进了社区干部工作作风的转变。社区2012年荣获铜仁市"创先争优先进基层党组织"称号，2013年荣获铜仁市"五好"基层党组织称号，2016年荣获万山区先进基层党组织称号。

四、突出问题及原因

在土坪社区调研过程中，社区干部和居民们反映比较多的问题，主要包括以下几个方面。

一是旅游开发怎样带动本地居民共同发展的问题。我们在调研中发现，无论是居民还是社区干部都提到，发展旅游应让本地居民普遍受益。土坪社区农家乐经营户潘莲秀说，"希望政策放宽一点，该修的还是要允许修，有人住才可以进钱。卡死了不能做，人家旅游团来了住不下，（我们）想接待都没有办法。"另外，由于宣传等工作不到位，以及受季节性、天气性因素等影响，2018年朱砂古镇客流量相对前两年有所下降，许多居民和创业者希望各方想办法增加旅游客流量、留

2018年10月17日，调研三组到致富带头人潘莲秀家访谈。

住游客，这样他们才能从中受益。潘莲秀说，"现在没有人，你做给什么人吃呢？"与几个伙伴返乡办起丹都大酒店的吴培将说，"去年夏天开始办酒店时，游客还不少，可现在淡季一天只有六七个客人，肯定是要亏的。"古镇发展过程中除了存在企业与居民的利益冲突，还有管理上的矛盾，如古镇不让外边三轮车进来，但住在景区里的居民出去办事没有公共交通工具，很不方便。土坪社区居民黄爱珍82岁了，每天她都要叫一辆三轮车到解放街去买一次菜，如果没有车，老人出去买菜就太困难了。

二是老建筑的保护与修缮问题。与万山镇其他几个社区建筑以新建住宅楼为主不同，土坪社区有较少的低层老旧楼房，多数是平房，旧房危房较多。近几年，政府对朱砂古镇范围内的老建筑实施了"修

2018年10月17日，调研三组成员和土坪社区书记杨红燕、主任佀英杰走访社区。

旧如旧"工程，所有建筑外观整治一新，但建筑内部破旧问题仍很严重。目前公房统一由万山区金开公司管理，另外一部分是居民购买的房改房。土坪社区提供的数据显示，有245户是居民购买的房改房，其中半数左右还有居民住。即使实施了"修旧如旧"工程，在雨季还是不同程度地出现漏雨现象，居民反映强烈。这些老房子能提供基本的水、电设施，但不通燃气，居民也多使用距房子较远的公共卫生间。政府目前在建安置房，符合条件的居民将来可以住进安置房，居民希望建设进度能快一些。

三是大水溪村民组田地荒废问题。2015年大水溪村民整体搬迁后，老房屋全部推倒，宅基地都整平了，由于现在的居住地比较远（大约1小时车程），没有人再回去种地，该组的田地就全部荒废了。社区曾考虑流转田地，居民们意见没有统一；提议成立合作社，搞种养殖开发，也因没有好的项目和资金而作罢。现在从朱砂古镇到大水溪的公路已经修通，未来如何开发大水溪，利用好荒废的田地，还需要谋划。

五、对策与建议

"发展旅游，富民兴业"是万山区已经明确的中心任务，朱砂古镇是全区旅游业的龙头和最大工程，对于土坪社区来说，其现在面临的几个突出问题，都可以在做大做强朱砂古镇旅游业的过程中解决。

第一，进一步深入挖掘工业遗产文化内涵。目前，朱砂古镇建设了"万山汞矿工业遗产博物馆""朱砂大观园""朱砂工艺品体验中心"，针对汞矿开采形成的长达970多公里的矿洞和坑道，根据地质条件开发了仙人洞、黑洞子、云南梯三处遗址，展示了汞矿开采留下的各种遗迹，初步展现出独特的工业遗产文化。这些都是看得见、摸得着的外在"硬文化"或显性文化，下一步还要深入挖掘附着在这些有形工业遗产上的无形文化内涵，比如利用影像技术展现这里独特的采矿、选矿和冶炼等传统生产工艺技术及其过程；发掘几百年来汞矿开采史上留传下的许多有意义的故事，并从中提取其文化精神内涵，通过影视、情景剧等形式展现给游客等。在调研中，丹都大酒店合伙人吴培将表示，朱砂文化工艺品的展示销售可以配些传奇故事、过程表演，通过情景再现增加游人的新奇感和体验度，进而打开二次消费。麻音塘党支部书记杨胜志则为我们讲解了云南梯①的故事，他说这个真实的故事体现了万山人诚信重义的高尚品质，是挖掘万山采矿文化内涵的好题材。

第二，充分利用优美的自然风光、舒适的人居环境，丰富旅游体验项目，实施景点联动开发，建设区域旅游共同体。开发攀岩等山地户外项目和儿童文化娱乐等室内主题项目，填补旅游淡季空白；在发展高端康养项目的同时，出台政策鼓励民宿发展，从而形成不同需求层次的健康养老休闲产业体系等。在与周边旅游景区联动发展方面，朱砂古镇南有夜郎谷②、北有中华山③，还有土坪社区待开发利用的大水

---

① "云南梯"，也叫云南硐，位于万山镇解放街北800米处的悬崖上，600多年前云南人在绝壁上开凿出一条长73米、宽1米余的79级石梯并开采21个矿硐，由此得名，是万山古代采矿遗址之一。

② "夜郎谷"，位于万山区高楼坪乡和湖南省新晃侗族自治县交界处，长15公里，由于它天生的山、水、崖、瀑，赢得了"三十里幽谷，三十里画廊，三十里世外桃源"的美誉。

③ "中华山"，位于铜仁市万山区敖寨乡与碧江区马岩乡九龙洞一山之岭。相传武则天当朝时期到江南巡视路过此地，见其一山直插云霄，其山形山貌酷像中华地图，便赐名此山为中华山，后成为佛教圣地。

2018年10月19日，调研三组走访社区居民黄爱珍老人家。

溪——拥有万山最美的退耕还林资源，若能整体规划、联动开发、共同发展，旅游景点将大大丰富，再融入当地的民俗文化内容，不管是景区、游客还是本地居民，都会从中受益。朱砂古镇还可联合周边名气较大的梵净山、凤凰古城两大旅游区，共同设计旅游产品线路，共同开展产品及形象宣传、市场营销，培育共同的旅游市场消费群，通过管理互助、客源共享，相互借力、优势互补，打造区域旅游共同体，进而实现共同发展。如山同脉、水同源、民俗相近的湖南张家界、湘西州、怀化三地，推动旅游产业布局、市场营销、服务体系一体化，打造了全域旅游的"张吉怀模式"①；山东蓬莱市与海南三亚签署"冬选

———————————
① 资料来源：张吉怀，《旅游共同体新推四条精品线路》，红网，2018年7月3日。

三亚·夏择蓬莱"旅游战略合作协议①，主推两地旅游产业"互换营销"等，这些案例都值得万山借鉴。

第三，充分利用老建筑多、成本低等特点，出台政策发展文化创意产业。目前，利用贵州汞矿留下来的老建筑，朱砂古镇在三角岩社区开发了以怀旧为主题的"那个年代"特色一条街，并打造了微电影基地。通过文旅融合实现可持续发展，应该是朱砂古镇未来发展的方向。下一步要进一步把文化创意产业做实。这里还有大批的老房子，如果利用它们发展文化创意产业，吸引和鼓励各方面人才来这里设立美术、设计、文学创作、影视等工作室，并带动相关产业发展，就像北京朝阳的798②、751③艺术区一样，通过发展文创产业支撑和做实做强旅游业，朱砂古镇将会呈现另一番景象。当然，其前提是做好规划，保护好老建筑。这里20世纪五六十年代的老建筑规模大、保存完整，是宝贵的历史文化资源，在全国都是独一无二的。可以分类进行保护和开发，政府需要制定统一的规划、标准和具体措施，最好由市级层面出台相关法规，通过地方立法的形式提升老建筑保护的权威性和开发的有序性。对有居民住和准备开发再利用的老建筑的生活设施条件，

---

① 资料来源：《蓬莱"联姻"三亚打造旅游共同体》，胶东在线，2017年6月22日。

② "798艺术区"，位于北京朝阳区酒仙桥街道大山子地区，故又称大山子艺术区，是原国营798厂等电子工业的老厂区所在地。从2001年开始，来自北京周边和北京以外的艺术家开始集聚798厂区，成规模地租用和改造空置厂房，逐渐发展成为画廊、艺术中心、艺术家工作室、设计公司、餐饮酒吧等各种空间的聚合地，形成了具有国际化色彩的艺术区。

③ "751艺术区"，又称北京时尚设计广场，是在北京正东电子动力集团有限公司（原751厂）退出生产的厂房基础之上建成的，与798艺术区相连，是一个以时尚设计为主题，以展示、发布、交易为核心，集产业配套、生活服务功能于一体的创意产业集聚地和时尚互动体验区。

还要进一步改造提升,比如从根本上解决房屋漏雨、卫生间使用不方便等问题。

以上是关于做大做强朱砂古镇旅游业的一些粗浅建议,除此之外,在旅游业管理上,政府也还有不少工作要做。目前,朱砂古镇旅游区涉及景区管委会(万山区和镇相关领导组成的协调机构)、开发运营企业、景区所在社区、本地居民、建筑遗产管理方(金开公司)等多个利益方,必须以政府为主导,统一规划、统一开发,平衡好各方利益,尤其要保护好原住民的利益,包括为他们的生活提供便利等,让社区和本地居民在旅游业发展中同步获益。政府在做决策、制定相关规划时要多听取居民的意见建议,政策规划制定后要进行公示并多方宣传,让百姓充分理解相关政策,避免因政策宣传不到位而产生误解。景区管理过程中,建议构建一个由社区和本地居民参加的沟通机制,定期听取景区及周边居民的意见建议,形成共建共治共享格局,从而实现景区与社区、企业与居民和谐相处的格局。为全面规范做好景区管理工作、协调好各方利益,建议适时提请市级制定朱砂古镇管理条例,为其可持续发展提供法治保障。

参考文献

1. 铜仁市万山区转型可持续发展大调研组:对土坪社区党支部书记杨红燕、农家乐经营者潘莲秀、矿工后代和返乡务工代表吴计系、土坪社区春晖社成员陈通福、原贵州汞矿子弟小学教师王湘云等的深度访谈录音资料,2018。
2. 万山镇土坪社区:《土坪社区2010年—2017年工作总结》,2018。

3. 万山汞矿工业遗址博物馆：万山汞矿工业遗址博物馆馆藏资料。

4. 万山镇土坪社区：《土坪社区关爱孤寡老人工作总结》，2018。

5. 铜仁市万山区转型可持续发展大调研组：2018年九九重阳敬老"长桌宴"活动视频资料，2018。

曼妙的舞姿展现着同心人的风采，欢乐的笑容昭示着幸福的生活，鲜艳的红色更增添了节日的喜庆。这是同心社区人的自豪和骄傲。

社区的活动可谓是欢乐的海洋，大家热情高涨，玩得不亦乐乎。时而谈论家常，诉说着各自丰富多彩的生活。秋意斑斓，时光墨染，看着眼前秋意渐浓的季节，这是儿时玩耍的街区。你心中的阳光，温暖着心海，梦境深处，虽渐渐模糊，却也魂牵梦绕。

五十六个星座，五十六枝花，五十六族兄弟姐妹是一家。五十六种语言，汇成一句话，爱我中华爱我中华爱我中华！各民族像石榴籽一样紧紧抱在一起，同心共筑我们的美好生活。

以"准物业"管理模式
提升社区服务管理水平
——同心社区调研报告

2018年10月20~21日，铜仁市万山区转型可持续发展大调研第三小组石龙学、汪治国赴万山镇同心社区开展了为期2天的调研。20日上午，调研人员在雨中由同心社区党支部书记刘开华、居委会主任任琼、党支部副书记龙丽君陪同，实地察看了社区 A、C 居住小区情况，整齐的居民楼分布在汞都大道两侧，雨中显得格外洁净。社区负责人带我们到位于居民院落中间的两个文体广场了解了社区基础设施情况，并走进同心社区文娱中心参观了老年活动室、舞蹈排练室，排练室墙上"发现美、感受美、创造美、欣赏美"几个大字让人感受到浓浓的艺术生活气息，社区舞蹈队队长黄玉花还简单介绍了舞蹈队活动开展情况。随后，调研人员在同心社区服务中心会议室召开了调研座谈会，与社区"三委"（党支部、居委会、居务监督委员会）全体成员进行了深入交流，并在座谈结束后参观了社区服务中心各办公区、活动室和宣传栏，社区服务大厅"让服务与百姓更近、让社区与居民更亲"两行大字十分醒目。20日下午，调研人员对社区党支部书记刘开华、居委会主任任琼、党支部副书记龙丽君、驻村干部姚毅进行了深度访谈。21日上午，调研人员对社区舞蹈队领队黄玉花、老矿工遗属郎茂荷进行了深度访谈，下午先对原贵州汞矿工人、现社区居委会综治委员滕召琴进行了深度访谈，随后又随机入户走访了7户居民。调研中收集了社区历年工作总结、党支部和居委会及关工委历年活动简报与图片资料上百份，以及社区为此次调研准备的汇报材料和"申请救助家庭成员经济收入和财产状况证明表"两份纸质资料。作为万山镇最年轻和实际居住人口最多的一个社区，同心社区给我们留下了环境优美整洁、文化活动丰富多彩、居民精神面貌积极向上的深刻印象。

一、基本概况及历史沿革

（一）基本信息

同心社区于2013年12月27日成立，由原万山镇6个社区居民搬迁整合而成，所以是万山镇最年轻的新社区，也是万山镇实际居住人口最多的一个社区（户籍人口不是最多的）。社区取名"同心"，意为干群同心协力、共建和谐社区。社区位于万山镇的南大门，东、西、南三面与高楼坪乡相邻，东北面是万山镇犀牛井社区，辖区总面积0.51平方公里，是万山镇面积最小的社区，海拔800米左右。社区居民以汉族、侗族为主。社区共有住房47栋、2512套、119个单元，坐落在万山老城区汞都大道两侧，目前社区入住居民1848户、4561人，其中，60岁以上老人714人，90岁以上老人13人（见表1）。

为了便于管理，同心社区划分为四个片区。小区居民划分为22个小组，有居民小组长22人、自管小组长10人。社区有81名中共党员，

2018年8月14日，连玉明院长向李来娣了解2008年习近平总书记（时任中央政治局常委、中央书记处书记）慰问时的情况。

支部分为9个党小组。目前，社区内有企事业单位19家、个体经营户93户。本地就业1680人，外出务工120人。社区有低保家庭523户、1031人，离退休人员499人，享受遗属生活补贴人员162人（含63名女工），空巢老人10人，孤寡老人1人，留守儿童5人。

（二）基层组织概况

同心社区现任党支部书记刘开华（原犀牛井社区党支部书记，同心社区成立后调任至今），居委会主任任琼（原张家湾社区居委会主任，2017年转任同心社区），监委会主任杨再云（原贵州汞矿科研所副所长），驻社区工作队干部姚毅（万山区政府办公室干部，自2015年3月驻社区至今），党支部副书记龙丽君，其他"三委"委员分别是杨丽、张银环、

表1 同心社区90岁以上老人

姓 名	性别	民族	学历	出生日期	健康状况
周碧华	女	汉	文盲	1926 年 8 月 7 日	健康
刘水仙	女	汉	小学	1926 年 11 月 14 日	一般
田亮妹	女	汉	文盲	1927 年 12 月 13 日	一般
姚金香	女	侗	文盲	1927 年 1 月 1 日	良
曾大兴	男	汉	小学	1921 年 10 月 8 日	良
张金占	男	汉	小学	1924 年 9 月 15 日	一般
罗万臣	男	汉	小学	1928 年 9 月 28 日	一般
向春芝	女	汉	小学	1928 年 10 月 7 日	一般
李金仙	女	侗	小学	1928 年 6 月 18 日	一般
田茂福	男	汉	小学	1925 年 10 月 20 日	差
向子英	女	土	小学	1922 年 2 月 14 日	差
杨银昌	男	侗	小学	1926 年 6 月 12 日	一般
潘春秀	女	汉	小学	1927 年 2 月 10 日	健康

滕召琴、刘冬玉、刘小会5人。五年来，社区"两委"班子团结协作、齐抓共管，把辖区居民和个体经营户的积极性调动起来，使"社区是我家，建设靠大家""社区有荣，我也光荣"的理念得到全面践行。

二、基础条件和特色优势

作为万山镇最新的一个社区，同心社区全是近十年内新建的居民楼，基础条件好，交通便利，水、电、气、网络、绿化等实现了全覆盖。社区有11名保洁员，能做到垃圾日清、常态保持社区各个院落清洁。社区还每月定期组织志愿者和社区干部开展义务大扫除，几年来整治脏、乱、差卫生死角20多处，清理白色垃圾400多平方米、10余吨。社区党支部书记刘开华说，以前的砖瓦房、篾片墙、炉渣房都变为楼房了，再没有"外面下大雨、屋里下小雨，上面下雨、下面拿盆子接"的情况了；以前出门鞋子是越走越厚、越走越重，回到家以后要慢慢地在石板上刮了（泥）再进屋，现在路好了、绿化好了，人居环境大大改变了。

同心社区有一所双语幼儿园，一所医院即民营黔东医院；有两个文化广场、一个文娱中心（一楼是老年活动室、二楼是文艺舞蹈活动室）。没有集体经济实体。社区服务中心有阵地540平方米，成立了老年协会、太极协会、书法协会、文艺宣传协会等群众组织。其中文艺舞蹈队闻名全区，自编自演了很多节目，包括具有地方特色的鼟锣、水鼓舞蹈节目等，不仅在各种节庆日于同心社区、万山镇、万山区演出，还受邀到邻近的碧江区、玉屏县、松桃县等铜仁市其他区县演出。在2015年9月万山区老教系统组织的纪念抗日战争暨世界反法西斯战争胜利70周年文艺大赛中，该文艺舞蹈队演出的《八女投江》获得了一等奖。舞蹈队领队黄玉花说，开始只是她们几个舞蹈爱好者跳跳坝坝舞①，后来居委会把她们组织起来成立了舞蹈队，演出就多起来了。社区党支部书记刘开华说，现在人们生活水平提高了，文化活动丰富了，社会风气也变好了，干群关系也得到了改善。

---

① "坝坝舞"，又叫自由舞，是广场舞的一种，是百姓锻炼身体、自娱自乐的一种集体舞蹈，包括健身舞、团体操、街舞等舞蹈元素；场地常选在广场或者开阔的地坝，所以俗称坝坝舞，流行于川渝等地。

2018年8月14日，连玉明院长一行考察同心社区居容居貌。

同心社区在严格遵守国家各项法律法规的基础上广泛征求群众意见和建议，经居民代表大会讨论通过了《同心社区居委会居民自治章程》和《同心社区居委会居民公约》，公约从社会治安、社风民俗、邻里关系、婚姻家庭、环境卫生等方面做出规定，很好地引导了社区文明和谐建设。

三、创新实践及发展模式

同心社区由原贵州汞矿搬迁安置社区整合而成，社区居委会主任任琼介绍："以前老弱病残、困难家庭、弱势群体、失业人员都很多，乱搭乱建、乱堆乱放、乱吐乱扔、乱偷乱丢现象比较严重，成立新社区就是想探索一种新的管理模式，实现让居民安居乐业，让党的好政策惠及社区居民，让群众搬到新区后感受到幸福生活的新面貌。"五年来，同心社区以全心全意服务群众为宗旨，以创建和谐社区为目标，把为居民做好事、办实事作为社区工作的重点，把群众满意作为检验工作的重要标准，按照"干群五贴心、同步建小康"工作方法，开展了一系列卓有成效的工作，实现了居民群众安居乐业，干部群众心心相印，社区和谐稳定。

（一）创新实践："干群五贴心、同步建小康"

接地气，心连心。社区"两委"干部与驻社区干部坚持经常深入居民院落，入户开展"五带"（即带责任、带感情、带服务、带政策、带任务）和"六必访"（即特困家庭必访、下岗失业家庭必访、重大急病家庭必访、刑释解教家庭必访、孤寡老人必访、有矛盾纠纷必访）活动，既宣传了党的惠民政策，又通过与居民拉家常、谈心交心，拉近了干群关系。

畅渠道，顺民心。社区"干群连心室"成为群众畅怀倾诉的"娘家"、化解矛盾的"熔炉"、干群"零距离"沟通的阵地。一方面，居民来反映问题随时接待，既面对面又背对背，既摆事实又讲道理，全力调解；另一方面，接到报告不管什么矛盾问题，社区干部都第一时间赶到现场解决，诸如下水管堵塞、居民扯皮打架之类的矛盾，尽力在第一时间化解。通过社区干部与驻居干部的努力，2014年调解矛盾纠纷60起，2015年调解35起，2016年调解12起，2017年调解8起，2018年前10个月调解6起。群众信访纠纷明显减少，社会更加和谐稳定。此外，社区不断加强治安巡逻、禁毒禁赌、打击传销、整治各种公共安全隐患等工作，治安和公共安全形势大大好转。

办实事，聚民心。驻社区干部与社区"两委"干部积极开展入户调查，征集群众认为亟须办理的事项，并逐一解决。比如协调住建部门为D区、A区、B区硬化水沟100多米，更换雨水管、排污管100余条，解决了令百姓头疼的下水道经常堵塞问题；协调资金10万元，维修了社区文娱中心并开展了各项社区文化活动；通过"救急难"绿色通道为生急病的居民杨毅解决了4万元的医疗费问题；经常看望社区双胞胎孤儿方心雨、方心茹，并为他们提供了2000元生活困难资金补助；通过介绍公益性岗位、举办招聘会、提供免费培训等解决了350余人的就业问题，并帮助8名失业人员享受到创业小额担保贷款等。另外，帮助居民办理保障性住房29户，住房租赁补贴17户，帮助收缴城乡居民养老保险620人次，收缴农村合作医疗5621人次。

帮弱困，暖民心。经常走访孤寡老人、空巢老人、留守儿童、孤儿、特殊困难人群，为他们洗洗衣服、打扫卫生、送粮送油。如空巢老人陈云彩，子女在外工作，长期一个人在家，驻社区干部与社区"两委"干部经常到她家里与她交心谈心拉家常，让她感觉到不孤单，并帮她做些家务，老人很感激地说干部胜过自己亲人。社区干部坚持结对帮扶困难居民，几年来配合区、镇政府慰问困难党员、空巢老人、孤寡老人、留守儿童、孤儿、特殊困难对象、困难居民等1600余人次，把党和政府的关怀送进百姓家中，温暖了他们的心。

抓文体，乐民心。除了文娱中心，社区还有棋牌室、书画室、茶室、图书阅览室、移动电子书屋等活动场所，社区利用这些开展了不同形式、群众喜闻乐见的文化娱乐活动，如春节前夕开展迎新春系列活动、春节期间组织居民参加游园活动和元宵节猜灯谜活动；三八节组织社区育龄妇女开展培训活动；"六一"开展留守儿童微心愿活动、大手牵小手愉快过生日活动；"七一"组织党员外出参观学习、体会万山转型发展的变化；"九九重阳节"举办大型文艺晚会活动；以"明礼知耻、崇德向善"为主题，开展"积德榜"活动，在辖区普遍形成"人人争做好居民，家家争当文明户"的良好氛围。特别是社区图书阅览室，全天候向居民开放，成为居民群众茶余饭后常聚的场所，被群众称为"党员群众的小课堂、居民致富的一盏灯"。这些形式多样、内容丰富多彩的活动，不仅带动了群众参加文艺活动的积极性，增加了居民之间的交流融合，活跃了群众文化生活，满足了他们的精神需求，更增添了广大居民对万山转型发展的信心。

（二）亮点做法：留守儿童之家暑期学校

一年一度的暑假是留守儿童的关爱空窗期；孩子无人照料是外出务工父母、留守在家老人最揪心的一件大事。2018年，同心社区被铜仁市关工委等部门列为全市25个暑假学校项目示范点之一，开展了关爱留守儿童"大手牵小手，共度愉快暑假"活动，辅导留守儿童完成暑期作业，并为留守儿童开展丰富多彩的义教活动，以社区关爱弥补留守儿童的情感缺失，活动效果显著，受到广大居民的好评。

为办好暑期学校，同心社区成立了留守儿童之家和关爱留守儿童领导小组，招募了湖南中医药大学学生李怡杰和铜仁幼儿师范高等专科学校陈琳、胡鹃、黄挺四名大学生志愿者。在暑假来临之前，同心社区党支部书记刘开华和副书记龙丽君到万山镇冲脚小学开展了活动宣传工作。2018年7月23日，同心社区关爱留守儿童"大手牵小手，共度愉快暑假"学校正式开班，学校教学活动一直到8月17日结束，为期四周，其间共有82名中小学和幼儿园学生在暑期学校学习（前后有增减），他们来自万山多所中小学和幼儿园。

由于学生人数较多，年龄差距较大，开班时暑期学校将学生分为四个班级管理，分别是：一班，17人（学前班孩子，胡鹃负责）；二班，15人（二年级学生，陈琳负责）；三班，28人（四年级学生，黄挺负责）；四班，14人（五～九年级学生，李怡杰负责）。社区根据留守儿童的学习和生活情况，建立了"一对一"帮扶机制，即每名留守儿童都由一位社区干部和一名优秀学生来共同帮助。

每天上午学生监护人将孩子送到同心社区暑期学校，下午放学接回。在暑期学校，大学生志愿者带孩子们晨读，为他们辅导作业，开展法制、环保、安全、卫生、礼仪等知识教育，与学生谈心，并举办才艺展示等文体活动。其间，社区干部和大学生志愿者一起，还对本社区学生开展了走访活动，为他们建档立卡。通过走访进一步了解留守儿童的心理情绪，以及他们的家庭经济情况、生活状况和心理状况，对其进行监护评估，协助相关部门落实好帮扶措施。

近一个月的暑期学校活动不仅丰富了留守儿童的课余生活，使他们乐中有学、学中有乐，而且打开了孩子们的心扉，增强了伙伴间的合作与团队精神，更重要的是解决了家长无法照顾和辅导孩子的难题，让留守儿童在远离父母的日子里也能健康快乐地成长。暑期学校不仅受到孩子家长们的好评，社区居民也是赞语不断，希望以后每个假期都能开办这样的假期学校。

（三）发展模式："一核多元"社区治理模式

近年来，同心社区创新推行"一核多元"治理模式，即以社区党组织为核心，以社区居民委员会、便民工作站、社区服务中心三个主体为依托，社区社会组织、辖区企事业单位等多元主体密切配合，多元互助、多方参与、共建共享，最大限度地增加和谐因素，增强社会发展活力，大力推行"零距离工作法"，把矛盾化解在社区院落。通过设置"五岗"（党员服务岗、劳动就业服务岗、卫生计生服务岗、社会事务服务岗、法律咨询服务岗），开展"五项服务"（党员个性化服务、劳动就业维权服务、健康养老服务、家政缴费电商服务、文教服务）和"四方位治安管理"（社区治安服务、社区天网工程、矛盾纠纷调解、流动人口服务管理），有效整合了各种资源，拓展了服务领域，增强了社区管理服务的综合性、配套性和协调性。

四、突出问题及原因

在同心社区调研过程中，社区干部和居民们反映比较多的问题主要包括以下几个方面。

一是基础设施老化严重。如小区内排污、排水系统差，经常导致积水；廉租房排水管、雨水管掉落和松动现象普遍，需要更换的多；小区楼道口水管裸露严重，需要修复的多；一些小区院落内道路老化凹凸不平，需要修复硬化等。由于同心社区住房都属于廉租房，房屋外部设施维修、排水排污、小区道路维护等都由政府职能部门负责。目前居住已近十年，需要维修的越来越多。但这些零碎的事项又不成片，不能纳入"一事一议"范畴。还有绿化问题，小区绿化刚开始建得很好，但后期缺乏规范化管理和维护，导致有些绿化带杂草丛生，蛇虫出没，有些绿化带干脆由居民改成了小菜园。建设部门做好绿化之后，没有将后期管理和维护移交给镇里或社区，所以社区也没有经费进行维护管理。此外，同心社区只有两个文化娱乐广场，不能满足居民需求，B区居民强烈要求修建一个休闲娱乐场所。

二是养老问题凸显。2017年同心社区一位60多岁的孤寡老人，因晚上烤火烧死在火箱里，实际上居委会干部两天前才刚刚去看望过他。这个事件从一个侧面反映了解决养老问题的迫切性。社区党支部副书记龙丽君说，有些老人自己居住，做不了饭，又没人照顾，打电话向居委会反映，社区也没办法。社区党支部书记刘开华表示，养老是一个大问题，而且会越来越突出。几位社区干部介绍，以前同心社区也试点过居家养老服务[①]，由于缺乏经费支持、发展不规范后来就停了；镇上现有的公办养老院只能提供饭菜、洗衣等简单服务，照顾不了有病的老人，提供不了康复护理等医疗服务；有私人想建养老机构但没有土地，即使建了也可能因费用高导致普通百姓住不起。

三是居民办事不方便。调研中了解到，低保户每年要进行审核，而且必须本人当面接受核验。享受低保的居民要拿着审核表到谢桥新区[②]找区级10个部门盖11个章。我们看了一张"申请救助家族成员经济收入和财产状况证明表"，上面需要盖章的单位包括交警车管、公安、工商、住建（不动产登记）、国土、人力资源和社会保障、金融（农信社）、税务、财政等部门（其中房屋等不动产登记还要到铜仁市盖

---

① "社区居家养老服务"，指以家庭为核心，以社区为依托，以老年人日间照料、生活护理、家政服务和精神慰藉为主要内容，以上门服务和社区日托为主要形式，并引入养老机构专业化服务方式的居家养老服务体系。其主要特点在于：让老人住在自己家里，在继续得到家人照顾的同时，由社区的有关服务机构和人士为老人提供上门服务或托老服务。

② "谢桥新区"，万山区资源枯竭型城市异地转型的承接区，是铜仁城市发展的重要拓展区，2011年划归万山区，2015年万山区行政中心由万山镇搬迁至谢桥新区，是万山新的政治、经济和文化中心。

2018年10月21日，调研三组深度访谈矿工遗属郎茂荷。

章），全部盖完章后才能提交民政部门审核。很多低保户都是年龄大、身体条件不好的居民，对于跑到谢桥新区找这么多部门奔波盖章很有意见。

五、对策与建议

从同心社区反映的几个突出问题看，其都与社会建设相对滞后有关，这应该是下一步万山转型可持续发展的着力点所在，即加大社会转型力度，满足居民的各种公共服务需求。

由于社会转型滞后，市场化发育程度低，在其他城市原本由物业公司承担的房屋维修、排水排污管道疏通、社区保安保洁、小区内部道路和路灯维修等公共服务，在同心社区乃至全部万山镇，还都是由政府相关职能部门负责。这一方面加重了政府部门的负担，另一方面可能因服务效率影响居民生活甚至群众的满意度。鉴于同心社区住房均为廉租房这一特殊性，不能推行商品房物业化管理，可以借鉴北京朝阳区等推行的"准物业"管理模式，即主要采取居民自管、居民互助、专业服务外包的方式解决小区服务管理难题。"准物业"管理不以营利为目的，收费标准低于市场化的物业收费。

从2009年开始，朝阳区针对大量产权单位弃管，房屋维修、社区管理等问题无人问津的小区现状，在老旧小区探索"准物业"管理，小区成立议事会和自管会，招募小区居民组建治安巡逻、停车管理、环境美化、维护维修、矛盾调解、文化宣传等志愿服务队，按照有绿化保洁、有治安防范、有维修维护、有停车管理的"四有"标准建设管理。根据每个老旧小区的不同情况，朝阳区"准物业"管理形成四种模式。① 一是居民自管与市场机制相结合，针对规模大、资源多、管理成本较高的老旧小区，将物业管理中的部分专业服务委托给专业物业机构；二是居民自管与政府扶持相结合，针对规模小、资源有限、管理成本相对较低的老旧小区，采取居民自管的方式，对停车管理、治安防范等项目进行管理，对于绿化保洁等部分项目由政府给予扶持；三是居民自管与产权单位参与相结合，针对产权单位明确且产权单位具有履责能力的老旧小区，采取共同协商的办法解决准物业管理的资源和良性运转问题；四是由社区牵头，专门成立民办非企业类社会组织，负责准物业管理工作。在181个老旧小

---

① 资料来源：张璐，《朝阳181个老小区准物业全覆盖》，《北京晨报》2015年11月13日。

区"准物业"管理实现全覆盖的基础上，近年来朝阳区又开始试点"准物业"管理转型升级工作，即从无物业到"准物业"后再引入专业物业入驻管理。

在探索引入"准物业"这种管理模式的过程中，要推动两方面的体制机制转型。一方面，政府职能部门不再承担大量物业管理工作后，要制定政策法规，把相应公共服务、公益事业经费落实到社区，对一些专业性较强的公共服务，要加大财政投入并通过政府购买服务的方式提供给居民；另一方面，改变基层公共管理和公共服务的决策模式，让居民更多地参与到决策中来，变以前从上到下决策为从下到上决策。这方面可以借鉴北京朝阳区的"党政群共商共治"社区治理模式，即以群众需求为引导，通过搭建社区、街道两级议事平台，建立社区议事协商会，引导居民参与年度实事项目的提炼、筛选、论证、决策、监督等协商过程，实现从"行政管理"向"协商治理"的转变，以提高民主决策的科学性和民主监督的广泛性，以及居民自我服务、自我管理、自我监督的积极性。[①]

随着中国老龄化社会的到来，养老问题越来越严峻。在万山这样的资源型城市，这一问题更为突出，因为城市转型过程中接收了大量原矿企老职工，老年人口比重一般高于全国平均水平；加上之前严格的计划生育政策，这些老矿工的下一代都是独生子女，养老负担重。所以，政府必须逐步加大养老投入，并将人力、财力、物力向基层社区倾斜，以居家养老为主，充分发挥社区在养老方面的重

---

① 资料来源：中共北京市朝阳区委党校案例研究组，《探索党政群共商共治的社区管理模式——北京市朝阳区麦子店街道"问政于民"的实践与启示》，人民网，2016年8月1日。

要作用。同时，全面落实国家和地方政府关于促进民间养老机构发展的政策措施，鼓励社会力量发展医养结合的新型养老模式，满足不同人群的养老需求。

针对万山区政府搬至谢桥新区，老城区万山镇居民办事不方便，特别是低保等民生事项需要到众多政府部门开证明盖章的情况，建议万山区各部门加强信息数据平台的互联互通和信息共享，在还不能让百姓就近办这些证明的当下，先通过信息共享、大数据比对，让居民办事"最多跑一次"①，或实现"一网通办"②，减少盖章办证之苦；条件成熟时，把网上公共服务平台联网延伸到社区，通过授权审核，实现"就近办、马上办、一次办"，让居民在社区就能办好低保等公共事项。适应移动互联网加速发展的形势需要，以公安、人力资源和社会保障、教育、卫生健康、民政、住房和城乡建设等领域为重点，积极推进覆盖范围广、应用频率高的政务服务事项向移动端延伸，推动实现更多政务服务事项"掌上办""指尖办"。

---

① "最多跑一次"，通过"一窗受理、集成服务、一次办结"的服务模式创新，让企业和群众到政府办事实现"最多跑一次"的行政目标。2016年底，"最多跑一次"改革在浙江首次被提出，目前已在全国推行。

② "一网通办"，指把政务数据归集到一个功能性平台，企业和群众只要进一扇门，就能办成不同领域的事项，解决"办不完的手续、盖不完的章、跑不完的路"等问题。2018年初，上海市率先提出推进"一网通办"的政务服务，2018年7月31日，国务院印发《关于加快推进全国一体化在线政务服务平台建设的指导意见》，提出2022年底前，在全国全面实现"一网通办"。

参考文献

1. 铜仁市万山区转型可持续发展大调研组：《同心社区调研座谈会汇报材料》，2018。

2. 铜仁市万山区转型可持续发展大调研组：《同心社区2014年—2017年工作报告》，2018。

3. 铜仁市万山区转型可持续发展大调研组：同心社区召开的调研座谈会录音资料，2018。

4. 铜仁市万山区转型可持续发展大调研组：同心社区党支部书记刘开华、居委会主任任琼、党支部副书记龙丽君、驻村干部姚毅及居民黄玉花、郎茂荷、滕召琴等的深度访谈录音资料。

5. 铜仁市万山区转型可持续发展大调研组：《同心社区留守儿童之家2018暑期学校工作简报》，2018。

太阳从山凹中露出了笑脸，霎时光焰四射，东边的天空红霞朵朵，绚丽斑斓。在红霞之上，金黄的太阳、红霞和翠绿山峦一起构成了"谁持彩练当空舞"的精妙图案。

　　故乡的歌是一支清远的笛，总在有月亮的晚上响起。故乡的面貌却是一种模糊的怅惘，仿佛雾里的挥手别离。别离后，故乡是一棵没有年轮的树，永不老去。

故乡，是心灵深处最美的花朵。它是一朵散发着淡淡清香的茉莉，承载着温柔的母爱；它是一朵金黄的向日葵，承载着沉甸甸的父爱；它是一朵春天里的野菊花，承载着游子对故土浓浓的思念。

服务转型促跨越　凝聚人心构和谐

——麻音塘社区调研报告

2018年10月22~23日，铜仁市万山区转型可持续发展大调研第三小组石龙学、汪治国赴万山镇麻音塘社区开展了为期2天的调研。22日上午，调研组与麻音塘社区"三委"（党支部、居委会、居务监督委员会）全体成员举行了对接座谈会，麻音塘社区党支部书记杨胜志、居委会主任杨瑞花详细介绍了麻音塘社区的基本信息、发展历史、重点工作和民生服务等情况，并交流了社区发展中面临的问题。下午，调研人员先访谈了社区致富带头人——华兴网络科技公司和彩虹堡幼儿园的创办人华松，然后在社区党支部书记杨胜志的带领下实地察看了麻音塘社区的超市、商场、两个文化广场和麻音塘公园，并随机走访了几户社区居民。23日，调研人员先后前往外来创业代表刘德林、监委会主任万俊良、工人代表付伯仲、困难群众潘权家中，对他们做了深度访谈。另外随机走访了多户居民，完成入户调查表。调研中收集了麻音塘社区历年党支部和居委会工作总结、有关汇报材料和部分日常工作报告、请示、建议等材料30多份。作为万山镇的商贸中心，麻音塘社区的基础条件较好，但也面临着居民结构复杂、公共设施陈旧、社区干部压力大等现实问题，社区治理面临转型。

一、基本概况及历史沿革

（一）基本信息

麻音塘社区位于万山镇中心地带，东、南与解放街社区相邻，西与犀牛井社区接壤，北与三角岩社区毗邻，面积1.5平方公里，海拔800米左右。社区居民以汉族、侗族、苗族为主，有杨、姚、张、刘等几大姓。社区有16个居民小组（其中2个涉农居民小组①），现有户籍人口1531户、3933人，其中60岁以上老人743人，90岁以上老人3人，孤寡老人2人。目前有低保户235户、417人。社区有党员62人，其中60岁以上党员30人。

（二）历史沿革

麻音塘社区于2008年5月13日由原万山镇解放街居委会的十一至十九居民组、老街居委会的北门村民组、麻音塘村民组和原矿区社区服务管理局②滑石坡居委会的观音塘居民组整合而成。社区居民结构多元复杂，有先前的农转居人口，有矿区工人，还有不少各乡镇和外来经商、购房搬入等人员，给社区的管理服务工作带来了压力。

---

① "涉农居民小组"，指整体由农民转为居民的小组，其仍保留集体土地等资产，享受居民公共服务的同时，继续享受国家粮食补贴、退耕还林补贴等涉农政策。

② "万山矿区社区服务管理局"，2002年贵州汞矿实施政策性关闭破产后成立，是为原贵州汞矿离退休等五类人员发放待遇和提供管理服务的专门机构，现任局长由万山镇党委书记杨尚英兼任。

早在2003年，原万山特区政府为解决采空危险区居民的住房问题征用了老街村北门组、麻音塘组和张家坪片区的上百亩土地。2005年，为解决干部职工住房困难问题，政府又征用了芭蕉湾、观音塘80余亩耕地。2006年，政府将两次被征地的434户、1352人转为非农户口。随着采空危险区移民搬迁工程的不断实施，城镇建设不断加快，原先社区居委会规模小、结构不合理的问题凸显，为此，原万山特区政府做出了社区整合的重大决策，2008年，万山镇所辖6个新社区成立，麻音塘社区是其中之一。整合后的社区居委会责权明晰，理顺了管理体制，彻底解决了原贵州汞矿政策性关闭破产后在社区服务管理体制上存在的弊端，为万山区经济社会转型发展奠定了良好基础。

麻音塘社区内有一个水塘，塘边经常出现很多蚂蚁，口语中就将

2018年8月14日，连玉明院长一行考察麻音塘社区朱砂手工艺品批发销售商铺。

水塘叫作蚂蚁塘，因本地口音中"蚂蚁"和"麻音"接近，遂在书面用语中改写为麻音塘，社区成立后也因此塘得名麻音塘社区。麻音塘也是社区的自然风光，塘里种上了荷花，塘上修起了步道、凉亭，塘边还修起了文化休闲广场，供社区居民和游人赏玩。

（三）基层组织概况

麻音塘社区现任党支部、居委会和居务监督委员会成员均于2017年产生，现任社区党支部书记杨胜志从2009年进入社区工作至今；社区主任杨瑞花从2008年到居委会任职至今；居务监督委员会主任万良俊是原社区党支部书记，2017年当选为居务监督委员会主任。驻社区工作队队员为万山矿区社区服务管理局干部刘以铧，从2017年驻麻音塘社区工作至今。社区班子成员精诚团结，既分工又协作，做到了心往一处想、劲往一处使，以清廉务实的工作作风赢得了社区居民的广泛好评。

二、基础条件和特色优势

麻音塘社区交通便利，有公共汽车站一个，班车来往于周边乡镇和邻县；出入朱砂古镇的汞都大道从社区穿过，与黄道、下溪、敖寨乡皆可通达。水、电、气、网络、硬化路等已全面覆盖，实现了户户通，小区内实现了全面绿化。社区有保洁员16人，负责小区内的日常清洁；社区设有垃圾池8个，每天由城管局的垃圾车定时清运。

社区有幼儿园1所，即2018年新开业的彩虹堡幼儿园；1个体育馆，2个文化广场和1个图书馆，1所老年大学，无社区医疗机构和养老机构。

麻音塘社区是万山镇的商业贸易中心，超市、店铺等生活基础设施齐全，能较好地服务本地居民的生活消费和游客的旅游消费。社区现有居民楼278栋，商铺285间，宾馆旅社17家，驻区单位3家（万山区第一法庭、区气象局观测站和供电局）。社区产业涉及餐饮、旅店、家电销售、建筑安装、文化娱乐、工艺品、运输等行业，带动1000余人就业，规模较大的经营企业有黔鑫隆超市、一树药业、九天家私、海尔和美的两个家电卖场及万山宾馆、丹都大酒店等；有朱砂工艺品店10家，主要经营朱砂饰品、朱砂摆件、朱砂画等。

社区现有外出务工人员216名。社区没有集体经济实体，无特色产业。在贵州汞矿兴旺时期，麻音塘曾是蔬菜生产队，主要为当时的矿工提供蔬菜，随着贵州汞矿破产、土地被征用、农民转居民和城镇化快速发展，到2008年社区整合成立时，只剩下42亩耕地，但都是边角

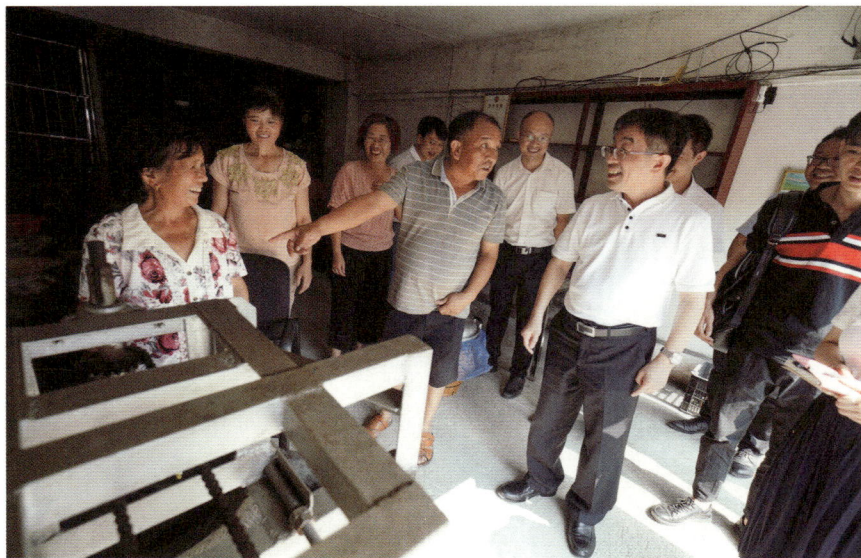

2018年8月14日，连玉明院长一行考察社区的豆腐手工作坊。

零碎山地，没有成片的土地，另有公益山林317亩。杨胜志书记介绍，社区曾想发展冷凉蔬菜，因为气候条件合适，可种本地芹菜，但夏天种冷凉蔬菜需要水源的保障，后来因为没有水就没有搞成。

三、创新实践及发展模式

近年来，麻音塘社区围绕"发展旅游、富民兴业"这个中心任务，以"安民、便民、利民、康民"为目标，按照"和谐共有、居民共商、组织共建、政社共治、成果共享"的理念，着力服务社区困难居民、化解各类矛盾纠纷，为万山转型发展、为朱砂古镇打造旅游名镇营造和谐的社区环境，着力在提升社区居民的幸福感、获得感、安全感、归属感上下功夫，用社区干部的辛苦指数提升社区居民的幸福指数。

（一）创新实践：打造平安和谐幸福社区

一是创建平安社区。麻音塘社区高度重视平安社区的创建工作，始终把提高居民的安全感作为社区的大事要事来抓，牢固树立营造和谐社会环境就是为万山经济社会转型发展做贡献的理念，全面推进平安社区创建。社区整合以前各种社会矛盾交织在一起，治安也不是很理想。社区成立之初，麻音塘就在第三组和第十一组率先成功创建了平安小区及党员示范岗，党员的先锋模范作用和示范带头作用得到充分发挥，为全面创建平安和谐社区积累了丰富的经验。现在社区建立了治安联防体系，组建了社区巡逻队，定期和不定期地对居民小区进行巡查，为居民营造一个平安、祥和、康宁的人居环境。不断加强对刑满释放人员、矫正对象、涉毒人员、特殊人群的教育和管理，居委会工作人员和协管人员每月一次深入吸毒人员家中进行帮教工作，一方面对他们加强教育，与他们交心谈心；另一方面积极帮助他们解决力所能及的困难，让他们感受到社区大家庭的温暖。通过大量卓有成效的工作，使社区成为无传销、无重大刑事案件、无重大安全生产事故、无群体性纠纷的"四无"社区。调研组在社区召开座谈会时，麻音塘社区党支部书记杨胜志表示："中央现在大力扫黑除恶，我可以有底气地说，我们社区没有黑恶势力，没有宗族势力、村霸、寨霸、向经营户收保护费这种现象。"在我们随机走访居民和商户时，大家都对社区良好的治安状况表示认可，有商户表示能在这里安心经商，一个重要原因就是这里的治安好。

二是积极开展矛盾纠纷调处，做到小事不出组、大事不出社区、矛盾不上交。麻音塘社区按照"以防为主、教育疏导、依法处理、防止各类矛盾激化"的原则，着力实现矛盾纠纷的苗头早发现、早控制、早处置，努力将辖区的矛盾纠纷发现在社区，控制在萌芽状态。

麻音塘社区整合成立后，高度重视人民调解工作和社区人民调解委员会的建设，把建设一支讲原则、重品行、懂法律、肯学习、明事理、识大体、顾大局、善做群众工作、善化矛盾纠纷、群众信任的人民调解队伍，作为社区成立之后的一件大事来抓。成立了以社区支部书记为主任，以社区"两委"干部，德高望重的老村干、老党员，党小组组长、居民组组长和部分居民代表为成员的人民调解委员会。为提高调委会成员的素质和能力，社区调委会干部参加了铜仁市"农村法律明白人骨干培训"，区司法局和镇司法所的同志为社区人民调解员进行了业务知识培训，系统讲解了《人民调解法》《物权法》《婚姻法》《土地管理法》《森林法》《民法通则》等常用法律法规和人民调解工作技巧等业务知识，老村干、老党员传授了他们的工作经验，相互交流工作方法，通过形式多样的学习，提高了调解员的业务素质。为加强社区人民调解工作，社区居委会在办公用房有限的情况下，专门腾出一间房作为人民调解室，并配备了专门的文件柜，做到了调解工作有场所、有办公设施、有专人负责。社区对矛盾纠纷调解排查工作实行分片包干，并制定了相应的工作制度、学习制度、纠纷排查制度、回访制度、登记制度、矛盾纠纷排查调处情况通报制度等。

麻音塘社区调委会成立以来，调处辖区内工程建设、群众生产生活、邻里家庭纠纷80余起，调解成功率达98%，即使个别案例调解不成功，也有效阻止了矛盾激化事态扩大，十年来社区未出现因调解不

2018年8月14日，连玉明院长一行与麻音塘社区党支部书记杨胜志、居委会主任杨瑞花进行交流。

当、不及时而使矛盾激化转化为刑事案件和群体性事件的情况。麻音塘社区党支部书记兼社区调委会主任杨胜志说："我到社区任支部书记以来有这样一个理念，群众有事我们第一时间赶到，早到一分钟与晚到一分钟效果就不一样，也许就不会发生刑事案件，如果我们接到群众的诉求不及时处理的话，也许就要出现大事情。"例如，2009年3月，原万山特区邮电局新建办公楼，部分失地农民受利益的驱动前去阻工。社区调委会知道后及时介入，反复向群众宣传国家的法律法规，细致耐心地做思想工作，并协助建设单位查找相关土地原始依据，终于使该项目顺利开工。2014年5月，万山区委、区政府为打造朱砂古镇，提升旅游环境品位，对农贸市场进行改扩建，部分商户不理解，与施工单位发生矛盾。该起纠纷涉及解放街社区和麻音塘社区的涉农居民，镇里希望麻音塘社区调委会发挥熟悉情况的优势做好群众工作，让工程顺利进行，早日结束马路市场现象。调委会主任杨胜志深入了解纠纷情况，与老村干万俊良同志一起到区国土局查阅了大量资料，与万山镇干部利用晚上休息时间到每家每户去做思想工作，反复向群众宣传农贸市场改扩建的重要意义及农贸市场建好后给他们带来的方便和发展空间。通过艰苦细致的思想工作和与群众的反复协商，最后在兼顾双方正当利益的前提下工程得以顺利进行。因为调委会工作成绩突出，2015年麻音塘社区调委会被贵州省人民政府评为优秀人民调解委员会。

矛盾纠纷的发生率是一个地方群众知法、懂法、守法的晴雨表。为此，麻音塘社区调委会把增强居民法制观念和提高道德素质作为预防和减少矛盾纠纷的一项重要工作来抓。一方面，调委会在社区开辟了法制宣传栏，每月一期，主要宣传与居民生产生活密切相关的法律法规，如《民法通则》《物权法》《婚姻法》《计划生育法》《土地管理法》《土地承包法》《森林法》《老年人权益保障法》等法律知识，引导社区居民知法、懂法、学法、守法；另一方面，充分发挥社区道德讲堂（新时代市民讲习所）的阵地作用，请社区德高望重的人宣讲自己的故事，用身边人讲身边事，引导居民做诚实守信、明礼知耻的人，营造纯朴的民风。通过宣传引导，社区矛盾纠纷的发生率逐年下降。

三是抓好民生工作，为"服务转型促跨越，凝聚人心构和谐"奠定坚实的基础。麻音塘社区成立之初失地农民多，下岗失业人员多，社区把抓好民生工作与维护社会和谐稳定相结合，把维护群众正当利益与维护社会稳定相结合，把服务好社区居民特别是困难居民作为社区工作的重点，着力在拓宽服务领域、完善服务功能、提高服务质量上下功夫，努力做好低保、养老、就业、助学、医疗保障、住房保障等民生工作。如十年来累计发放低保金近1700万元（见表1），为282户低保家庭办理廉租房租购事宜、为241户465人申报享受低收入家庭住房租赁补贴203300元、为社区80余名大学生提供了救助金助学金等，提升了社区居民的获得感、幸福感。麻音塘社区在开展低保救助等民生工作中努力做到应保尽保、应退则退，针对每户救助对象都做到入户调查、资料审核，开展民主评议并对外公示，接受居民监督，杜绝了暗箱操作，促进了社会和谐。特别是社区一直坚持党务居务公开，并于2015年建立了党务居务发言人制度，每季度召开一次党务居务发布会，党务居务发言人除了发布各种社区信息，还接受社区居民的提问，受到广大居民的欢迎。

表1 麻音塘社区2008~2018年享受低保居民数量及发放低保金情况

年 份	低保户及人数	低保发放金额
2008	275 户、531 人	426910 元
2009	298 户、573 人	1032380 元
2010	296 户、558 人	1046180 元
2011	208 户、579 人	1405090 元
2012	303 户、574 人	1784375 元
2013	298 户、569 人	1795680 元
2014	318 户、589 人	1917330 元
2015	332 户、629 人	2200491 元
2016	345 户、660 人	2560709 元
2017	340 户、618 人	2779240 元
2018（截至 10 月）	235 户、417 人	2216609 元

（二）亮点做法：臭水塘变身美丽荷塘

由于所处地理位置比较低，周围都是居民楼，化粪池的水不断渗透，麻音塘社区的这个"水塘"，十年前变成了一个污水塘、臭水塘，居民很有意见。经社区反映，2013年政府投入巨资采取了清淤等治理措施，但收效甚微，而且治理不久又变为污水塘，这也成为困扰地方领导的一件头痛事。2017年为迎接环保督查，政府再次投资对麻音塘进行了治理，但仍未解决污水发臭这一根本问题。麻音塘社区党支部书记杨胜志苦思冥想，多方寻找办法，有一天他在报纸上看到种植荷花能净化水质的报道就进一步查找资料，觉得这个办法可行，在与社区班子成员讨论研究之后，他联系了河北安新县一家水生植物种植公司，并查证该公司在遵义的一个项目取得成功之后，向上级部门争取了23000元资金，2018年3月，请河北安新这家公司在麻音塘种植了能净化水质的深水荷花2000棵，种植面积达5300平方米。到夏天，麻音塘水面就布满了田田荷叶，绽放出朵朵荷花，从污水塘、臭水塘变为"荷花飘香、清水绿岸、鱼翔浅底"的美丽荷塘，成为社区居民纳凉、赏花的好去处。以较少的资金实现了水质净化，麻音塘的成功治理成为社区践行绿色发展理念的一个样本。

10月22日下午，杨胜志书记带我们实地察看了已变为美丽荷塘的麻音塘，时至秋天，虽然没有看到"映日荷花别样红"的美景，但"接天莲叶无穷碧"的景象犹在，我们穿过荷塘上面的步道，没有闻到一点儿臭味，麻音塘确实彻底告别了过去的臭水塘。

（三）发展模式：探索"网格化"管理模式

近年来，麻音塘社区开始探索网格化管理模式，按照"横向到边、纵向到底，排查全覆盖、管理无缝隙、服务全方位，有问题及时发现、有矛盾纠纷及时化解、服务及时到位"的要求，按片划分网格，每个网格配备了工作人员作为网格负责人，同时有志愿服务者、居民共同参与，将义务巡逻员、邻里守望员、矛盾纠纷调解员、政策法制宣传员等纳入网格中。实行网络化管理后，社区工作由以前的"专人单项、一岗一责"向"一专多能、一岗多责"转变，网格责任人负责责任区内各项事务及信息采集、登记等工作，实现了"社区有网、网中有格、格中有人、人尽其责"的网格管理模式，为打造平安、和谐、文明、健康的宜居宜业幸福社区奠定了良好的基础。

2018年10月22日，调研三组在麻音塘社区召开调研座谈会。

四、突出问题及原因

在麻音塘社区调研过程中，社区干部和居民们反映比较多的问题，主要包括以下几个方面。

一是社区牌子多、要开的会多、检查考评多、要填的报表多，社区干部工作压力大。调研中发现，社区挂的各种牌子多达三四十块，比如麻音塘社区其中一间办公室门口就挂了干群连心室、群众工作室、群众说事室、法律援助服务办公室以及综治工作站、反邪教室、外出务工家庭关爱室等七八块牌子。社区干部说，有的上级政府部门把牌子挂到社区后就向社区要相关材料。社区干部相当一部分精力都被编写材料或迎接相关检查捆住，严重影响社区发展和服务居民工作。

二是基础设施落后，公共服务不能满足居民需求，新老城区差距越来越大。许多居民和社区干部都提到，万山区政府搬到谢桥新区后，新区发展很快，城市面貌日新月异，老城区很多基础设施破旧，人口减少，经济不景气，新老城区差距越来越大。一些公共服务机构也随区政府搬到谢桥，如万山区人民医院，虽然在万山镇设了分中心并配备了急救车，但还是增加了居民看病的不便，而且一些居民担心出现紧急情况会耽误病情，如果住院家人也难以就近照顾。另外，从老城区到新城区车程大约1小时，现在万山镇居民去谢桥新区坐班车单趟要12元，高楼坪乡、黄道乡、下溪乡等距离谢桥更远，如果办事时间长，还得在新区住一晚，增加了老百姓的办事成本。

三是办不了房产证的问题。在调研中，有居民多次反映房产证办不下来的问题，而且房屋类型多种多样。麻音塘社区80岁老工人和老劳模付伯仲说，自己买了经济适用房已6年，现在房产证还办不下来。社区干部说，他是担心将来房子继承难。丹都大酒店创办者陈垚谷介绍，他和合伙人竞标原区检察院大楼时，拍卖方经开区说能帮忙办各种手续，但现在只办了一个工商执照，因为没有房产证，后面消防、环保、卫生等部门的证照都办不下来。

五、对策与建议

社区居委会是居民自治组织，但近年来社区行政化色彩浓、行政负担重的问题在许多地方很突出，社区服务居民、开展自治的本职功能反被弱化，这其实是基层治理不到位的表现，目前很多地方都在开展相应的治理工作。

就万山区来说，为促进社区减负，首先，要厘清区、街道（乡镇）、社区三级各自的职责清单，厘清职能部门与社区的关系，明确社区的职责与边界，让社区回归到服务居民的本职上来。对于社区管理服务绩效的考核，要以社区居民和驻区单位满意度为主，不能把社区职责之外的工作列入考核，甚至列入"一票否决"内容。同时，将反"四风"向基层延伸，把社区干部从繁杂的行政事务中解放出来，真正把主要精力投入为居民服务中去。

其次，对下沉到社区的工作事项实行准入制度。对于区、镇属单位下沉到社区的工作事项包括工作机构、工作台账、创建任务等，必须通过审批；各单位对于确需社区协助的工作事项，执行社区工作准入程序，包括申请、审批、准入、撤销等步骤。同时，为社区提供必要的经费保障，并加强对社区协助工作的跟踪指导，确保工作保质保量完成。对于社区填写上报各类信息报表多、工作量大、重复填写多等问题，建议上级政府整合各部门信息平台，形成综合信息库，或推进各部门信息平台互联互通和信息共享，尽量不让社区重复填写各种报表。

最后，对于社区减负中被清理的事项，有的上交给街道和职能部门，有的则明确交由社会组织去做。建议能够交给社会组织等社会力量承担的事项，通过购买服务的方式由社会力量承接，确保减掉的事项有人干、能干好，不符合需要的事项要彻底清除。特别是专业性强的大规模普查类以及日常性服务等工作事项，应通过政府购买服务方式交由专业的社会力量承担。这就要求政府积极放权，大力培育各类社会组织。

对于新老城区发展差距加大，作为老城区的万山镇公共服务不能满足居民需求的问题，建议一是尽快开通谢桥新区到老城区的公交车，提高居民出行便利性，减轻居民负担。二是研究在万山镇建一家高水平医院。调研中，不少人都提到原贵州汞矿医院，医疗水平高，群众看病很方便。希望万山镇能重建一家高水平医院，解决百姓看病难问题。这既是广大居民的现实需要，也是朱砂古镇旅游业发展的重要配套设施，同时还是政府推动区域协调发展、提高公共服务水平的应有作为。三是开展调查研究，看是否需要在万山镇建立一个综合行政服务分中心。调研中很多人提出这样的建议，并认为区政府搬到谢桥新区后留下很多办公楼，完全有条件建一个综合行政服务分中心。目前，谢桥新区已建有综合行政服务大厅，如果在万山镇建立一个行政服务分中心，势必会增加成本。是否真正必要且可行，或者有无其他更简便易行的解决办法，政府部门可以做一个细致的调查研究，广泛征求居民的意见，经过充分论证后再做出决定。

2018年10月23日，调研三组深度访谈创业代表陈垚谷。

对于调研中居民反映的各种类型房屋都存在办不了房产证现象的问题，这可能是历史遗留问题，目前居民也说不清问不明办不了证的原因，但这确实是广大居民非常关心的一个问题。建议区政府把各类型房屋办不了房产证的原因梳理清楚，提出处理思路，向上级政府报告，尽早出台明确的政策，避免历史遗留问题越拖越复杂。

参考文献

1. 铜仁市万山区转型可持续发展大调研组：《麻音塘社区调研座谈会汇报材料》，2018。

2. 铜仁市万山区转型可持续发展大调研组：《麻音塘社区党支部和居委会2008年—2017年工作总结》，2018。

3. 铜仁市万山区转型可持续发展大调研组：调研组在麻音塘社区召开的调研座谈会录音资料。

4. 铜仁市万山区转型可持续发展大调研组：麻音塘社区致富带头人华松、外来创业代表刘德林、监委会主任万俊良、工人代表付伯仲、困难群众潘权等的深度访谈录音资料。

5. 铜仁市万山区转型可持续发展大调研组：《麻音塘社区人民调解委员会事迹材料》，2018。

收割后的稻田里，小鸭慵懒惬意地踱步前行，雨后的水珠滋润着新芽，就像石竹河滋养着这一方水土与人。

乡间的石子小径，蜿蜒通幽，载着乡里乡亲的问候，伸向温暖家园。石板台前人声，茅檐日晚鸭叫，人声与鸭叫，交织共振，如桃源一般的和谐融洽。茂盛的菜园青翠欲滴，秀美的枝丫上凝结着春天的眸光。

千门万户幢幢日，总把新桃换旧符。一把摇椅，一个下午，听雨打屋檐，看金秋麦谷，你凝望的眼神饱含着对生活最朴素的期盼。

深化"护和谐"创建
打造平安型社区

——犀牛井社区调研报告

2018年10月17~19日，铜仁市万山区转型可持续发展大调研第三小组张国华、韦佳赴犀牛井社区开展了为期3天的调研。17日上午，调研人员在犀牛井社区居委会与社区干部围绕脱贫攻坚、产业发展、生态宜居、乡风文明、乡村治理等情况举行了座谈。17日下午，调研小组对犀牛井社区居委会主任李云华（男，49岁）进行了深度访谈，随后在李云华主任的带领下参观了犀牛井社区农家书屋、位于社区的公立万山区幼儿园等设施。18日上午，调研小组对阿里巴巴农村淘宝万山区万山镇服务站负责人和农村淘宝合伙人华茜（女，30岁）以及退休老干部田祝三（男，86岁）进行了深度访谈；18日下午，调研小组对贵州汉唐阁苏园文化发展有限公司进行了实地考察，对贵州集丰进出口贸易有限公司法人代表朱集帅（男，46岁）进行了深度访谈。19日上午，调研小组对矿工子女田美英（女，55岁）和贵州汞矿退休老职工杨德贵（男，86岁）进行了深度访谈。23日还对犀牛井社区致富带头人、育苗幼儿园园长姚茂莲（女，46岁）进行了补充访谈，并

2018年8月14日，连玉明院长与居住在老工房中的矿工遗孀交流。

在其带领下参观了育苗幼儿园。调研过程中共收集社区相关电子资料19份、纸质资料4份。调研中发现，社区存在以下难点：一是小而散、缺乏销路等原因限制了社区种植业和特色农产品的发展。二是老年人娱乐活动设施不足，社区缺乏经费为老人修建凉亭等休闲娱乐场所。针对以上两点问题，报告中主要提出了两点建议：一是成立合作社，推动产业走规模化、品牌化发展道路；二是深入挖掘资源，完善养老服务。

一、基本概况与历史沿革

（一）基本信息

犀牛井社区位于万山区万山镇汞都大道中部，东与解放街社区相邻，西与高楼坪乡交界，东北接麻音塘社区，西南靠同心社区，面积1.6平方公里，分为7个片区21个居民小组（其中3个涉农组，耕地面积55亩），社区有户籍人口1626户、3675人，流动人口1007人，目前常住总人口4682人。社区党支部现有党员100人（其中社区干部职工党员9名、离退休职工党员72名、居民党员19名），分为21个党小组。社区现有60岁以上老人442人，留守儿童38人，丧失劳动能力15人（重病和残疾11人、精神病4人）。

2008年5月，万山镇对村居进行统一整合，原冲脚居委会和3个农业组合并为犀牛井社区，3个农业组大部分耕地作为经济转型用地发展旅游业，另有林地99.6亩。2013年社区换届又从犀牛井社区内部划分出同心社区。

（二）基层组织概况

犀牛井社区"三委"（党支部、居委会、居务监督委员会）组织齐全，共9人，还有一位驻社区干部（见表1）。

犀牛井社区办公场所于2018年8月7日搬迁至原万山区交警大队办公大楼，总面积1600平方米。社区党建、妇联、综治禁毒、健康卫计、

表1 犀牛井社区主要负责人情况

姓名	性别	出生年月	职位	工作年限
冯丽娟	女	1987年1月16日	驻社区干部	2017年至今
田美花	女	1960年12月21日	党支部书记	2008年至今
李云华	男	1968年11月11日	居委会主任	2008年至今
何玉香	女	1956年7月6日	监委会主任	2017年至今

民政、社会保障、环境卫生、文化教育、社区养老服务、社区警务室等组织机构齐全。

（三）社区传说与特色特产

犀牛井社区位于万山镇的南大门，相传几千年前，万山好似一片海洋，一位仙翁飘游此地，看到此地气候特别、云雾四起，便拿起拐杖在海洋里点了几下，瞬间海水退去、丘陵凸起，就像巨龙盘坐在此，仙翁看到此景，便安排犀牛神看护此地水源，不久一对年轻夫妇来到此地居住，他们勤劳、智慧、善良，在这片土地上生活，繁育后代、代代相传，故此地得名为犀牛井。

犀牛井社区有手工原生态纯天然米粉和纯香米酒加工户30多家。拥有馋人的小吃、醉人的米酒，每当春节来临时，跟随古老的传统鏖锣文化，舞蹈、书画、地方民歌同乐同庆，招来外界游客无数。

二、基础条件和特色优势

犀牛井社区是新建社区，位于汞都大道两侧的楼房拔地而起，近年来实施的亮化、美化、绿化、净化和立面改造工程，让社区显得格外整洁漂亮，居民住在院落中，有绿化、休闲娱乐场所，舒心安逸，其乐融融。

社区内有党员群众综合服务点1个、居家养老服务中心1个、农家书屋1个（藏书有1900多册）、红白理事会3个、老年协会1个、文化娱乐健身场地6个（分别是汞魂经天广场、万山镇办公大楼前面坝子、新隆广场、武装休闲广场、廉租房三期工程广场、菜市场广场）。

社区有小学1所（万山区冲脚小学）、幼儿园4所（公立万山区幼儿园和3所私立幼儿园）。其中万山区幼儿园创建于1975年，前身是贵州汞矿子弟幼儿园和万山特区幼儿园，具有40多年的办园历史。2016年9月，幼儿园整体搬迁至犀牛井社区新园址，占地7000余平方米，其中户外活动场地4500平方米，建有运动场、大型户外游戏活动区、种植地等户外活动区域；绿化面积1000多平方米，建筑面积2000多平方米。

三、创新实践及发展模式

近年来，犀牛井社区致力于创建文明型、平安型、学习型社区，取得显著成效。

2018年8月14日，连玉明院长一行考察犀牛井社区居民办事大厅。

(一) 努力创建"无毒害"文明型社区

犀牛井社区对禁毒工作高度重视，采取各种措施创建"无毒害"社区，取得了巨大的成效。

1. 抓组织领导，落实禁毒工作责任

犀牛井社区始终把禁毒工作视为"一把手"工程来抓，主要领导担任社区禁毒工作领导小组组长、安置帮教工作领导小组组长，从而为抓好全社区禁毒工作提供了有力的组织保障。2018年，社区与辖区各居民小组层层签订禁毒工作目标责任书125份，将禁毒工作纳入年度综治考核范围，与评先评优挂钩，并制定了相应的工作措施，建立了完善的工作制度和机制。

2. 抓宣传教育，营造禁毒工作氛围

犀牛井社区以禁毒宣传月等活动为契机，以社区青少年法制教育基地为依托，大力开展了形式多样、内容丰富的禁毒宣传活动。一是常态化宣传。采取悬挂宣传横幅、张贴宣传标语、展示宣传图片、发放宣传资料、播放 VCD 专题片等形式，从空间上、视觉上营造禁毒工作氛围，2018年以来已发放宣传资料1000余份，悬挂宣传横幅20余幅，制作宣传册1期，组织禁毒志愿者在辖区居民健身小广场等处开展专题宣传教育、法律咨询活动8场次，解答居民群众咨询120余人次，参与居民群众达8500人次。二是举办专题讲座。2018年组织社区、派出所、司法所及禁毒单位成员一起到辖区冲脚小学开展禁毒专题讲座和法制课两场次；组织辖区小学生100人次在镇禁毒教育基地参观禁毒仿真模型，发放各种禁毒宣传资料100余份。三是积极开展其他各类宣传活动。如开展"6·26"禁毒日宣传活动，采取社区自办宣传与参加镇"6·26文艺会演"等方式，帮助群众牢固树立"禁毒共荣，吸毒可

耻""珍爱生命,远离毒品"的意识,充分调动了居民群众直接参与禁毒工作的积极性,增强了社区居民的社会责任感。

3.抓安置帮教工作,确保禁毒工作成效

社区把对吸毒人员的安置帮教工作作为做好禁毒工作、构建禁毒工作长效机制的总抓手,着力从以下三方面下功夫,确保禁毒工作成效。

一是在动态掌握吸毒人员情况上下功夫。在每月召开的综治工作例会上听取禁毒专干对社区吸毒人员的情况汇报,以随时跟踪了解吸毒人员的去向与行踪。同时,社区禁毒专员定期对吸毒人员进行家访,及时掌握第一手情况。

二是在帮教上下功夫。社区建立了党支部领导下由社区干部、社区民警、社区党员、禁毒志愿者和有吸毒史的家庭成员组成的"五位一体"帮教组织,落实了帮教措施,明确了帮教责任,不断改进和探索帮教工作的方式方法,切实提高了帮教工作的实效,有效地降低复吸率。

三是在做好吸毒人员的安置帮扶上下功夫。对缺乏生活来源、符合低保条件的,尽可能落实低保,以保障吸毒人员基本生存条件,针对有吸毒史人员在婚姻、家庭等方面的一些具体问题,社区也将情况详细记录在册并努力提供帮助。

(二)努力创建"护和谐"平安型社区

2018年10月,犀牛井社区在镇党委、镇政府领导下全民动员,在辖区范围内广泛开展"压案"专项行动。社区两支巡逻队分区分片负责治安巡逻,并发动居民小组组长率领本组居民共同参与。社区为巡

逻队员配备了红袖章、哨子、棍子和小喇叭。同时，社区工作人员制定了值班制度，每日分班分组按照预定时间、班次、路线进行巡逻，保证社区辖地24小时都有人值班巡逻，并做好巡逻记录。巡逻小组还积极与派出所加强联系，打防结合。自开展"压案"行动以来，犀牛井社区治安、刑事案件的发案率分别比上年同期下降了70％，取得了明显的成效。

（三）以法治为主题努力创建学习型社区

犀牛井社区以普法和依法治理工作为核心，紧抓"两劳"帮教相关工作，持续开展人民内部矛盾的预防调解工作。在这些工作中，经常学习法律是一项基本内容。社区建立了党员微信群，以"四五普法读本"等为主要内容，经常开展法制课程学习，2018年组织普法微上考试，参考率100%。此外，社区还以板报、讲座、宣传栏等形式，积极开展各项普法宣传工作和"法律进社区"活动，营造了浓厚的法治氛围，使居民懂得了学法、知法、守法、用法的重要性，提高了居民依法办事的法律意识。

四、突出问题及原因分析

经过深入调研，发现犀牛井社区发展目前主要存在以下困难和问题。

（一）销售渠道不畅，产业发展难

在与社区领导座谈过程中了解到，几年前社区陆续有外出打工者返乡创业，创业的方式多以发展种植业为主，但多数创业没维持多久就失败了，经了解，主要有以下几个原因：一是犀牛井社区海拔较高，气候严寒，导致可种植的作物类型有限且产量均不高。曾有一位返乡创业者种植蓝莓，但由于气候严寒，作物生产受到影响，产量严重缩减；同时由于销售渠道未能拓宽，最后难以为继而失败，返乡创业者只能又外出打工。二是缺乏销路。对于适宜社区种植的产品，虽然产量有保障，但销售渠道不畅。例如葡萄种植，万山区整个种植量较大，有几百亩以上，但主要还是靠政府单位包销，产品没有更加多元的外销渠道。三是没有品牌意识，难以做大做强。犀牛井社区有居民自酿的酒，有自制的绿豆粉、红粑，这些地方特色产品口味独特、市场紧俏。但出于缺乏产品包装宣传意识、推广力度不够等原因，即使犀牛井社区涉农组居民家家都有种植、酿酒的习惯，仍没有形成规模生产，更没有创出品牌，市场开拓能力弱，产品外销困难。

（二）公共设施缺乏，老人活动难

犀牛井社区现有60岁以上老人442人，其中90岁以上老人11人，老年人口占总人口的12%，但调研访谈中我们了解到，社区老年人娱乐活动设施明显不足。在社区随机走访的过程中，多数老人希望社区居民集中区能有一个凉亭之类的公共活动场所，老人们能在此与邻居一起下棋、打太极、唱歌、演奏乐器。目前，社区已有的休闲娱乐设施及场地距离老年人的居住与经常活动地点较远，实际很少有人去活动，并没有发挥相应的功能。访谈中社区居委会主任李云华还表示，曾有广东的企业想与社区合办老年康养项目，最后出于土地规划的原因未能达成合作协议。

由于社区集体经济基础薄弱，产业发展滞后，自身造血能力弱，社区相关建设资金主要依靠政府调拨，没有更多资金投入老年人休闲娱乐等设施的建设上。另外，由于社区经费有限，对于社区内一些患重病居民等困难群体的帮扶，政府补助资金无法满足实际需求，常常只能通过募捐等方式才能勉强发放救济金。

五、对策与建议

（一）成立专业合作社，走产业规模化、品牌化之路

犀牛井社区无论是种植业，还是农产品加工业，都存在小而散、销售不畅的问题，对于这种情况，根据万山的发展经验，调研组认为最好的办法是成立相应的种养殖专业合作社和特色农产品加工合作社，

2018年10月18日，调研三组走访致富带头人华茜。

通过抱团合作的方式发展壮大，实现共赢。

具体来说，首先，面对本地高海拔的自然条件，不能依样画葫芦，引进低海拔地区的高附加值产业，要实事求是地种植适合本地区的经济作物。其次，成立专业合作社可参照九丰农业蔬菜大棚模式，流转土地，实现规模经营，通过合作社这一载体，实现土地、资本、技术服务、人力资源、市场渠道等的合作共享，统一规划、统一管理、统一经营，把小产业做大，把特色产业做成品牌。特别是犀牛井社区现有数量不少的风味绝佳的红粑、农家自酿酒以及充满乡愁记忆的手工绿豆粉，要大力借助朱砂古镇发展旅游业的契机，通过合作经营，统一质量标准、统一设计包装、统一宣传促销，形成规模、形成品牌，让好产品走出深巷子，利用农村淘宝、电商城等线上线下结合的方式，积极拓宽销售渠道，把产业做大做强。另外，发展种植业也不必局限于传统的思路，也可利用靠近朱砂古镇旅游景区的优势，发展适合本地又具有特色的观光型农业（比如油菜花、薰衣草等），让农田变公园，成为朱砂古镇大旅游区的一部分，进而实现与其共同发展。

（二）挖掘各种资源，完善养老助老服务

养老，不仅关乎家庭幸福，而且关乎社会稳定。如何让老年人老有所养、老有所乐是犀牛井社区面临的重要难题。

首先，对于当前犀牛井社区公共设施规划布局不合理、数量少等情况，一方面要根据居民实际需求调整规划，使公共服务设施更合理、更便民；另一方面要针对犀牛井已由农村转为社区的现状，在划拨土地时更多地考虑为发展康养产业等新兴产业增加用地。

其次，创新养老模式，促进社区养老事业发展。可根据养老需求

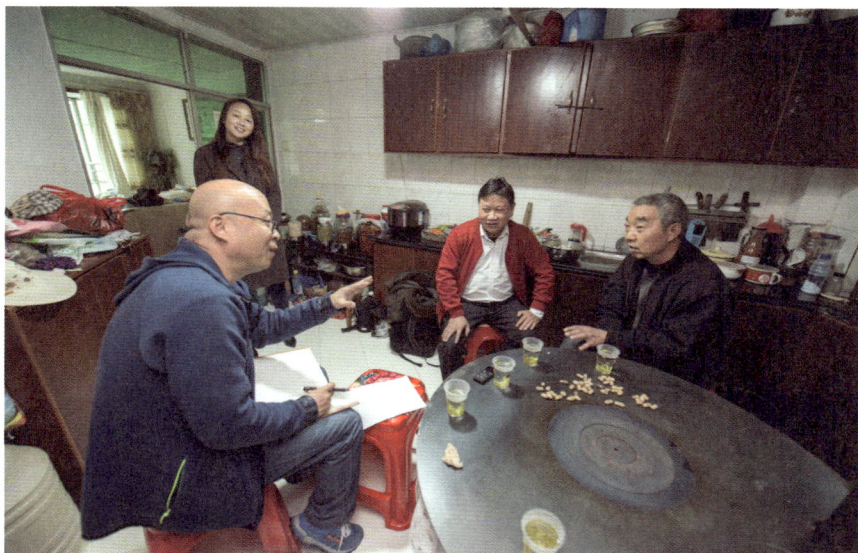

2018年10月19日，调研三组访问汞矿老工人邓天发。

差异采用梯度养老服务开发模式。针对有较高养老服务品质需求的老年人，可加大力度对外推广万山地区气候舒适、租金低廉等优势，引进一批专业的养老服务第三方机构，发展高端养老产业，既满足居民需求，也带动社区受益。针对中等需求的家庭养老，则需要相关部门广泛听取民意合理规划公共空间，在合适的地点选址修建公共娱乐休闲健身设施，并加强公共设施的管理与卫生安全维护工作。除了设施硬件到位，软件的发展也至关重要，即除了"有地"活动，更需要有"活动"可做，否则公共空间只是一个一般意义的物理空间，无法产生社会价值。因此，社区相关部门需积极组织开展娱乐休闲活动，带动邻里加强交流，促进互助互帮的社区氛围的形成。针对独居老人或出行困难的老人，需加大社区帮扶力度，可通过雇用退休人员为大家做饭，开老年食堂为老年人提供就餐或送餐服务。针对独居老人生活自理不便、缺乏关怀等情况，可招募志愿者组成互帮小组，组织志愿者为老人服务，以排解老人的寂寞孤独情绪。

最后，面对资金缺乏、社区养老服务等投入不足的情况，社区可充分利用乡贤力量。一方面，整合乡贤资源，统筹社区内外优秀人士，以社会组织形式注册成立乡贤理事会，让其广泛参与到社区治理体系中来。另一方面，发挥乡贤智力、财力优势，筹备设立社区公共事务基金，用于社区公共设施建设，如修建幸福互助院和老年活动中心、成立老年协会等，进一步发挥乡贤力量撬动社会资本，使更多社会资本流向社区，从而解决社区公共设施投入不足、扶贫济困资金缺乏等难题。

参考文献

1. 犀牛井社区：《犀牛井社区调研座谈会汇报材料》，2018。

2. 犀牛井社区：《万山区万山镇犀牛井社区简介》，2018。

3. 犀牛井社区：《万山区万山镇犀牛井社区全体工作人员个人信息》，2018。

4. 犀牛井社区：《万山区万山镇犀牛井社区毒情重点区域精准防控整治工作总结》，2018。

5. 犀牛井社区：《2017年犀牛井社区综治禁毒工作总结》，2018。

6. 犀牛井社区：《犀牛井社区来源与现状简介》，2018。

7. 铜仁市万山区转型可持续发展大调研组：犀牛井社区调研座谈会录音资料。

8. 铜仁市万山区转型可持续发展大调研组：犀牛井社区居委会主任李云华、居民华茜、朱集帅、田祝三访谈录音资料。

　　看着刚劲有力的工农兵雕像，听着《我们工人有力量》，仿佛穿越到"那个年代"，看到了汞矿最辉煌的时刻。

20世纪五六十年代砖木结构的仿苏式建筑，好像在向我们述说中苏蜜月期，世界无产阶级是一家的豪迈情怀。

"努力生产"是那个年代全国上下共同的口号，但三层小楼房建筑群在那时候全国范围内是少有的，那是辉煌的汞矿人值得骄傲的象征。

五大变化彰显转型发展成效

——三角岩社区调研报告

2018年10月20~22日，铜仁市万山区转型可持续发展大调研第三小组张国华、韦佳赴万山镇三角岩社区开展了为期3天的调研。调研小组对三角岩社区的调研工作主要采取"召开座谈会＋深度访谈＋随机走访"的方式。20日上午，调研小组赴三角岩社区居委会与社区"三委"（党支部、居委会、居务监督委员会）全体成员举行了座谈，全面了解社区脱贫攻坚、产业兴旺、生态宜居、乡风文明、社区治理五大方面的情况。座谈会后，调研小组在社区居委会副主任陈贵林的陪同下，对三角岩社区进行了实地考察。当日下午，调研小组对三角岩社区党支部书记姚铁华（女，40岁）以及自主创业的万山区客运公司法人代表陈晓慧（男，60岁）进行了深度访谈。21日上午，调研小组在"拐哥羊脚"总店对致富带头人、身残志坚的老字号"三角岩羊脚火锅店"老板徐木生（男，55岁）进行了专访；随后，在社区居委会对社区监委会主任、老党员、老教师代表杨光南（男，70岁）进行了专访。22日上午，调研小组对驻社区工作队队长、万山区广播电视台主编杨元梅（女，43岁）进行了深度访谈。调研过程中共收集社区相关电子资料26份，纸质资料4份。作为万山镇户籍人口最少的社区，三角岩社区近年来调动广大居民积极性，抓实生猪养殖、旅游发展等项目建设，推进社区经济社会协调发展，积极打造宜居、宜业、宜游的和谐社区，转型发展成效显著。

一、基本概况与历史沿革

2002年原贵州汞矿因矿源枯竭实施政策性关闭破产，随着人员迁徙，社区人员越来越少，为适应社会发展需要，2008年，原万山特区政府将过去的土坪村委会、三角岩居委会、官山居委会整合成现在的三角岩居委会（见表1）。

三角岩社区位于朱砂古镇东南部2公里处，地域面积4平方公里，东北紧邻土坪社区，西南与麻音塘社区相接，东、西分别与下溪乡、高楼坪乡接壤，社区至铜仁高铁南站、高速公路入口9公里，距万山行政中心28公里，离铜仁凤凰机场60公里，交通十分便捷。辖区包括3个片区、11个居民小组，社区共有913户、1884人。现有留守儿童8人，孤寡老人4人，低保户363户，享受抚恤人员125人，离退休人员340人。

表1 三角岩社区领导班子一览

姓名	性别	出生年月	职位	就职年限
杨元梅	女	1975 年 6 月 26 日	驻社区干部	2016 年 3 月至今
姚铁华	女	1978 年 12 月 13 日	党支部书记	2009 年至今
杨小凤	女	1957 年 8 月 27 日	居委会主任	1990 年至今
杨光南	男	1948 年 7 月 25 日	监督委员会主任	2013 年至今

社区有7个党小组、100名党员。[①]

关于三角岩的由来，有一个美丽动人的传说：很久以前，万山曾突降暴雨，天塌似的足足下了七七四十九天，把庄稼连土地冲刷得一干二净，万山被暴雨洗刷得光秃秃的，万山的居民愁得焦头烂额，只好去求女娲来补天。女娲来后，看到如此凄惨，为了给灾民尽量保存一些肥沃土地，便去恳求守候在仙人洞的七仙女赐些矿石作为补天的原材料，然后矿工们在山顶竖起三鼎巨石，架起天锅，夜以继日地创造备料，不料矿工们在盲目中误将藏在七仙女脑中的玛瑙和仙人洞中的朱砂宝石一同采来炼成了补天的材料。待女娲将天塌的窟窿补完后，暴雨终于停止，灾民得以重见久违的太阳，后来万山的先民把炼石补天留下的三鼎巨石完好地保护起来，此地因而得名三角岩。[②]

三角岩的特色音乐戏剧有采茶灯。

二、基础条件和特色优势

三角岩社区家家通水、通电。路面硬化平整，现已达到户户通、村村通。社区有保洁工人7名，每天对社区的背街小巷进行清理，有垃圾池5个、垃圾箱35个，由城管定时清理。为充分发动居民群众参与爱国卫生活动，社区经常开展形式多样、内容丰富的卫生创建活动。

万山镇小学、民族中学两所学校坐落在三角岸社区。社区有活动场所两个，一个是三角岩工农兵广场，另一个是技校广场。社区广泛

---

① 资料来源：《三角岩社区基本简介》，2018。
② 资料来源：《三角岩社区传说》，2018。

2018年8月14日，连玉明院长一行考察三角岩社区翻新的矿区街道。

开展全民健身活动和多种形式的文明活动，包括送温暖活动、迎新春促和谐文体活动、义务植树活动、社区文明主题活动、社区公益活动、爱国主义主题教育活动等。社区开办了新时代市民讲习所，以及满足居民需求的"4点半学校"。

三角岩社区是由工、农组合而成的社区，经济发展以养殖、种植、农家乐、回乡青年创业基地（大鹏蔬菜基地）、编织袋厂几种产业模式为主。2013年，"宏安磨擦有限公司"就建在原来的技工学校内，当时解决了附近30余人就业问题，后来因转型发展的需求，轻工业都往高楼坪乡赶场坝村迁移，"宏安磨擦有限公司"因此搬离了三角岩社区。社区现有农家乐"三角岩羊脚火锅店"三家，由于口味独特，引来不少四面八方的客人，生意很兴旺。其中，由身残志坚的"拐哥"徐木生创办的"拐哥羊脚"火锅店在贵州省商务厅主办的"2017年大美黔菜展示品鉴活动"中荣获"最受欢迎菜品"称号。另外还有大鲵养殖基地、回乡青年创业基地（大棚蔬菜基地）、编织袋厂。

社区广源生猪养殖合作社是一家股份制合作社，起步阶段技术缺乏，资金周转困难，当时政府大力扶持自主创业的青年人，在对口单位万山区畜牧局的帮助下，合作社的资产日渐壮大，如今资产已过千万元。编织袋厂有工人20余人，全部是当地的残疾人，政府为了照顾残疾人的就业机会，免去该厂的税收和一些费用。大鲵养殖基地目前养有大鲵200余条。由于大鲵比较娇贵，要有适合它的环境，花费的人力、物力很多，售价也非常昂贵，普通老百姓一般消费不起，所以发展受到了限制。政府了解情况后，专门成立了营销小组，帮助创业的有志青年解决后顾之忧，现在情况有所好转。

三角岩社区旅游资源丰富，有可以容纳1000多人的朱砂古镇游客服务中心，曾经破败的一连、二连、三连① 也打造得红红火火，怀旧文化步行街"那个年代一条街"在旅游旺季游客络绎不绝，还有吸引眼球的高大上的"微电影影视基地"，占地面积约2000平方米。

话说三百六十行，行行出状元，社区除了红白理事会，还自发组织了两支专门满足大众需求的帮人办酒席的队伍——"帮帮帮"，这样的队伍方便快捷，而且经济实惠，每队由8~10人组成，在社区很受欢迎，取代了酒店的部分业务。

为了加强社区的精神文明、物质文明和政治文明建设，维护全体居民的利益，从而达到居民自我管理、自我教育、自我服务的目的，三角岩社区制定了《三角岩社区居民自治公约》，内容涉及安全建设、

---

① "连"，原贵州汞矿生产单位。

道德建设、环境保护、计划生育等各方面。

三、实践探索和发展经验

近年来，三角岩社区紧紧抓住万山转型发展机遇，积极推动自身转型发展，成效显著。

（一）转型实践：五大变化彰显转型成效

2002年，万山汞矿因矿源枯竭实施政策性关闭破产。好多矿工及矿工子弟还有技术员都搬离了万山，生产设备因管理不善而流失，房屋年久失修漏雨，居民的生活处于低谷状态，剩余劳动力无事可做，因此产生各种矛盾，群体性上访事件频发，扯皮、偷盗现象时有发生，社会不稳定因素激增。近十年来，特别是2013年习近平总书记对万山做出"用好国家扶持政策，加快推动转型可持续发展"的重要批示以来，万山区抓住历史机遇，厘清发展思路，走出了一条旅游兴区、工业强区、农业富区的转型发展之路。在这背景下，三角岩社区自身的转型发展也取得显著成效，社区党支部书记姚铁华在访谈中将其概括为五大变化。

一是社区基础设施的完善，道路实现了硬化、绿化和亮化，家家通水通电，交通便捷，到处柏油大道，通过"一事一议"工程，办事走路不用打湿脚。二是居民住房环境得到改善，低矮、潮湿的简易房没有了，大批廉租房和经济适用房的建设解决了曾经长期不能解决的住房难题。三是文化旅游发展彰显光彩，把一批旅游项目落在社区，其中包括"我的乡愁——那个年代步行一条街""微电影基地"等，既

2018年8月14日，连玉明院长一行与三角岩社区党支部书记姚铁华和居委会主任杨小凤合影。

带动了当地就业，又增加了居民收入。四是居民过去的"等、靠、要"思想得到明显的改变，扯皮打架、偷盗现象逐年减少，社区呈现平安和谐的新气象。五是自谋职业、想干事、自己创业的人多了起来。其中，以万山区客运公司法人代表陈晓慧最为典型。陈晓慧在接受访谈时说，2001年汞矿破产关闭后下岗职工比较多，大家买断工龄，多少有点钱就买个车，起初大家抢客争客的事情时有发生，比较混乱，他就想办法把他们组织起来一起干。后来采取股份制，从个体走向集体。2005年成立公司一直延续到现在，现有员工100多人，发展势头良好。正是像陈晓慧这样的致富带头人，不仅让自己发家致富，更带动周边群众共同迈向富裕。调研中，谈及社区的巨大变化，有受访居民感慨地说，"现在的变化是十几年前根本想都不敢想的。"

（二）有力抓手：借助旅游业发展契机，大力推动民生工作

在转型发展过程中，三角岩社区紧紧抓住旅游业发展契机，大力推动民生工作迈上新台阶。近年来，为增强服务意识助推旅游发展，三角岩社区派出13人参加朱砂古镇悬崖酒店从业人员培训，3人参加万山区旅游致富人员培训会，极大地增强了从业人员的服务意识和从业技能。社区产业以餐饮业和养殖业为主，其中，餐饮业三家，都以"羊脚火锅"为主打品牌，以各种小炒火锅满足不同人群的口味需求，从而助推旅游业的发展，提高了居民的生活水平；养殖场两家，一家是坐落在辖区大坪组的"万山区广源生猪养殖场"，还有一家就是坐落在辖区杨家湾路口的"大鲵养殖场"。在旅游业带动下，社区就业得到明显的改善，外出务工人员从以前的540人降低到198人，本地就业人员从以前的15人增加到279人，小贩小商25人，年人均收入提高到2万余元。享受低保人员也逐年减少，目前降低到339户、636人。

（三）坚强保障：加强党支部战斗堡垒建设，积极服务转型发展

三角岩社区大力加强党支部战斗堡垒建设，为转型发展提供坚强保障。社区是服务于居民的，也是党的播音员、宣传员，负责及时把党的方针政策传达给居民，让群众第一时间了解国情、区情。三角岩社区将每月的第一个星期五定为党员日，组织党员、党小组组长学习各种政策法规，学习习近平总书记的系列讲话精神，学习时事政治，带出了一支好队伍，从而使一些项目能够顺利落地开花。如2017年红枫树木的种植，在政府资金紧缺，暂时不能兑现农民土地征收费用的情况下，社区干部为不影响工期的进度，不管天寒地冻、不管白天黑夜，到居民家中做思想工作，在一分钱没有的情况下，红枫林稳妥植

入。社区的矛盾纠纷也在第一时间化解于基层，做到了小事不出社区、大事不出镇，体现了社区干部的担当作为和社区居民的高风亮节，也充分彰显了社区党支部坚强的战斗堡垒作用。

四、突出问题和难点

经深入调研发现，三角岩社区存在的较为突出的问题主要有以下几个方面。

（一）社区无经济来源，影响社区发展自主性

社区无经济来源，缺乏发展资金，影响社区自主、能动地开展工作。据社区书记姚铁华介绍，目前社区财务实行的是"居财镇管"①。只要涉及资金问题都要先通过镇里批准，垫付后去镇里报销。社区"两委"成员只有每人每年2200元办公经费，三角岩社区居委会搬到新的办公场所后，办公桌椅都是驻村干部杨元梅从自己工作单位拉来的替换下来的旧桌椅；社区开展公共服务或者举办活动都要去找钱。特别是遇到紧急情况，如村民发生意外，需要紧急救助，都得居委会人员先行垫付。社区居委会的主要功能是服务居民，做好社区管理与服务工作，如何建立长效机制，为社区发展提供充裕的资金保障和灵活的资金使用渠道，确保社区"有钱办事"就成为建设高品质和谐宜居社区必须考虑和解决的重要问题。

---

① "居财镇管"，即社区财政由镇政府代管，其目的是监督社区财务，杜绝社区干部铺张浪费、乱开支的现象，以促进社区党风廉政建设。

2018年10月20日，调研组与三角岩社区"两委"座谈。

（二）社区软硬件基础设施建设有待进一步加强

调研中，三角岩社区居委会反映，社区的基础设施建设比较薄弱，有待进一步加强。具体问题主要有以下几个方面：一是办公场所小。社区党支部书记姚铁华说，目前社区居委会办公场所只有五间平房，不到200平方米，相比万山镇其他社区都有自己独立的办公楼，这样的办公条件的确有待改善。二是缺乏一个老年活动场所。社区监委会主任杨光南反映，三角岩社区有500多名老年人，但目前尚无一处可供老年人活动的场所，让他们打打牌、下下棋、拉拉家常，丰富他们的文化生活。三是社区医务室建设有待加强。据杨光南介绍，目前社区医务室只有一名半路出家的女性工作人员，医疗知识也欠缺，只是卖一点常见的药，一般头疼发烧需要的打针输液在社区都难以实现。四是电子化、智能化工作亟待改善。目前，社区工作电子化、智能化已是大势所趋，在一些发达地区已很普遍，即使在铜仁部分地区，譬如碧江区，也已实现了。但三角岩社区却连一块介绍社区情况所需要的滚动屏幕都没有，电子化、智能化工作亟待改善。

（三）景区管理和配套设施有待改善

打造"我的乡愁——那个年代步行一条街"景点，本是一件好事，但目前来看，景区运作和管理尚存在不少问题。"我的乡愁——那个年代步行一条街"是复原20世纪五六十年代生产生活场景的一条怀旧文化街道，由贵州铜仁吉阳旅游开发有限公司开发、经营和管理。社区居委会在座谈中反映，景区完全由旅游公司来管理，经营都由公司说了算，老百姓很难参与其中。此外，陈晓慧说，景区还存在缺乏统筹规划的问题，相关配套的旅游基础设施，譬如宾馆、商店、娱乐场所等，都不能满足市场需求，也降低了景区的吸引力。

五、对策与建议

（一）设立社区专项保障基金和激励基金，解决"有钱办事"问题

针对社区无资金来源开展公益事业的现象，着眼于解决社区发展不充分、不平衡的问题，建议市、区政府分级整合市、区两级社区公共服务和社会管理相关专项资金，建立社区专项保障资金和社区专项激励资金"双轨并行"的社区经费保障激励机制。① 社区专项保障资金，以

---

① 资料来源：《成都市确立"双轨并行"社区经费保障激励机制》，《华西都市报》2018 年 5 月 23 日。

常住人口数为主要指标，综合考虑经济社会发展状况和城市化水平等因素给予财力补助，按照"民事民定、自下而上"原则，专项用于社区公共服务和发展治理项目。社区专项激励资金，优先支持党建引领、服务居民、社区营造、居民自治、网格化管理等社区发展治理工作成效突出的社区和街道（乡镇），鼓励区、县探索建立社区发展治理基金。同时，充分发挥财政资金撬动作用，鼓励各类社会资金投入社区发展治理，优化资金使用方式，加强资金监管考评，提升资金管理使用绩效，不断提高社区公共服务和发展治理水平，推动构建社区共建共治共享格局。

（二）大力加强社区软硬件基础设施建设

三角岩社区基础设施较为薄弱的现状，也是万山镇的一个缩影。建议区、镇政府加大力度，加强社区软硬件基础设施建设，择机帮助三角岩社区另觅一处较为宽敞的办公场所；帮助社区建设一个老年活动中心，丰富老年人的文化娱乐生活。加大城乡社区医务室硬件建设力度，配齐专业医疗人员，加强业务培训，提高医疗水平，真正实现小病不出社区就可以解决。由区委、区政府统一规划，提高社区工作电子化、智能化水平。

（三）景区运作和管理要统筹规划，让百姓获益

目前，朱砂古镇"我的乡愁——那个年代步行一条街"景区运作和管理主要参与方是政府和旅游公司，旅游公司负责开发、经营和管理，政府提供相关服务。由此而来的问题是旅游公司作为企业，追求经济效益是本能；但政府作为公共部门，需要兼顾社会效益。如何处理和平衡二者关系，考验政府的治理智慧和能力。建议在景区管理中

大力发动老百姓，让百姓参与其中，允许百姓搞一些富有特色的民宿民餐，这样既可以增加景区吸引力，又可以提高百姓收入，真正做到共建共享。

参考文献

1. 铜仁市万山区转型可持续发展大调研组：三角岩社区居委会"三委"主要领导座谈会录音资料。
2. 铜仁市万山区转型可持续发展大调研组：三角岩社区驻村干部杨元梅、社区支部书记姚铁华、社区监委会主任杨光南，万山客运公司法人代表陈晓慧、老字号"三角岩羊脚火锅店"店主徐木生深度访谈录音资料。
3. 三角岩社区：《三角岩社区2008年—2018年工作汇报材料》，2018。
4. 三角岩社区：《三角岩社区党支部2017年工作总结》，2018。

简单的工具，简约的陈设，依赖的是熟练的技艺，我只愿为你修剪烦恼丝、岁月迹，愿你带着从头开始焕然一新的神采奕奕整装出发。你坚守的执着是我笃定前行的根基。

亦旧亦新，怀古叹今！叹开阔新奇的康庄大道，叹热烈似火绿色生态的幸福生活。叹勤劳致富的新机遇，这里——家，是幸福的策源地。

黎明时分，告别逐渐隐去的星月，踏着熹微的朝阳，拨开如织的雾气，将城市的喧哗与骚动丢在身后，步向淳朴的农家，寻找最原始的记忆。

加强新老城区融合
破解办事不便难题

——解放街社区调研报告

2018年10月22~23日，铜仁市万山区转型可持续发展大调研第三小组张国华、韦佳赴万山镇解放街社区开展了为期2天的调研。调研小组对解放街社区的调研工作主要采用"召开座谈会＋深度访谈＋随机走访"的方式。22日上午，调研小组赴解放街社区居委会与社区"三委"（党支部、居委会、居务监督委员会）全体成员举行了座谈，全面了解社区脱贫攻坚、产业发展、生态宜居、乡风文明、社区治理五大方面的情况。座谈会后，调研小组在社区居委会领导的陪同下对解放街社区进行了实地考察。当日下午，对解放街社区支部书记刘贵平（男，59岁）和社区驻村干部杨泽照（男，52岁）分别进行深度访谈。23日上午，调研小组对解放街社区监委会主任、原贵州汞矿科研所副矿长李晓康（男，67岁）以及致富带头人、养猪大户陈民（男，54岁）分别进行了深度访谈；当日下午，调研小组对社区敬老院院长梁兴芝（女，57岁）进行了深度访谈。作为原万山区行政中心和万山镇面积最大的社区，解放街社区基础条件较好，商贸兴旺，产业优势明显，但也面临着新老城区融合不畅、社区干部压力大、"三多一少"问题突出等现实问题，社区治理面临转型。

一、基本概况和历史沿革

2008年5月以来，解放街社区前后与三个社区整合隶属。2008年5月，原贵州汞矿滑石坡社区与解放街社区合并，解放街社区属万山镇机关社区；从中心广场划分，将原解放街社区的十一至十六居民小组划归麻音塘社区；2011年11月，又将原张家湾社区划归现在的解放街社区，隶属万山镇管理。[①]

解放街社区位于万山区经开区（原万山特区行政中心）地段，东与黄道乡龙江村接壤，西与高楼坪乡青年湖村相邻，南与麻音塘社区相伴，北与三角岩社区为邻。占地面积7平方公里，耕地面积660亩，其中菜地440亩、其他农作物220亩，公益林5000亩。

2014年和2017年，解放街社区分别经历两次人口迁出至土坪社区和谢桥新区，共迁出人口400多户，现有居民总户数2053户、总人口4987人，分为18个居民小组（其中农业组6个，共372户、1008人），有6个党小组、69名党员，低保户505户、1008人，累计缴纳居民养老保险人数711人，新农合1845人，是万山镇农业人口最多的社区。

自实施网格化管理以来，解放街社区将党的建设、矛盾纠纷调解、人口计生、创建文明卫生城市、消防安全、社区综合治理、禁毒帮教、道路交通、安全生产、劳动保障、法制科普宣传、民生低保等工作，

[①] 资料来源：梁巨彬，《关于万山镇解放街社区的调研汇报》，2018。

表1 解放街社区领导班子一览

姓名	性别	出生年份	职位
杨泽照	男	1966	驻社区干部
刘贵平	男	1959	党支部书记
梁巨彬	男	1957	居委会主任
李晓康	男	1951	监督委员会主任

全部纳入网格化管理体系。把社区工作任务定员、定岗、定责在网格内，实现社区服务工作全覆盖。

近年来，解放街社区紧紧围绕"发展优先、民生是本、稳定第一"的工作方针，深入贯彻落实党的十九大精神，认真开展"两学一做"，做到学有效果、创有目标、争有方向、建有定位，充分发挥党支部的战斗堡垒作用，形成立足社区、情系社区、奉献社区、稳定社区、发展社区、服务社区的综合能力，曾多次被省、市、区、镇评为"先进单位"和"五好基层党组织"。

二、基础条件和特色优势

解放街社区坐落在原万山特区中心地段，基础条件逐年改观，解放街路（原区府路）前后维修街面三次，免费安装电表和改造线路，组组通联户道路硬化基本完善。社区每年投入危房改造、无房补贴、道路硬化等方面的资金70多万元。社区划分为32个院落，设有27个保洁员，负责辖域内的日常卫生清理工作。设垃圾车厢9个，垃圾池13个，

2018年8月14日，连玉明院长与时任万山镇人大主席姚祖德交流。

塑料垃圾桶15个。2017年，解放街社区修建了农贸市场垃圾池，维修居民院落化粪池和工会后面的排污渠。

解放街社区是一个集旅游、商贸、工业园区、餐饮、休闲文化于一体的中心社区。该社区是原万山区政府机关所在地，基础条件较好，有县级单位2家、大型购物超市2家、医院2家、大型农贸市场1个，还有配备齐全的敬老院和烈士陵园教育基地。

此外，解放街社区文艺宣传队伍百花齐放，其中最出名的是金秋红叶舞蹈队，由30多名有舞蹈特长的居民组成，经常代表区委宣传部下乡演出和代表区老干局上省、市表演，多次获奖。

解放街社区产业优势明显，其中，张家湾工业园坐落在该社区，工业园落户知名化工企业14家，其中全国500强企业2家。还有食用菌专业合作社1家，40多亩的高山绿色葡萄基地，养殖小区1个11户，养有上千头猪。①

旅游开发潜力巨大。社区坐落在原贵州汞矿的采空区，在地下100米深处有970公里长的"地下长城"，目前只进行了很少的开发利用，旅游开发潜力巨大。

三、实践探索和发展经验

多年来，解放街社区以支部班子建设为抓手，大力提升社区整体发展能力，保民生、保稳定、保增长，创新工作方式方法，全心全意服务居民，贴近群众心连心，深受群众欢迎。

（一）率先开展居家养老服务试点

解放街社区老龄化现象比较严重，60岁以上老人有393人，其中鳏寡孤独及空巢老人的养老问题较为突出。2009年，解放街社区和犀牛井社区被万山区列为居家养老服务试点。历经10年的发展，解放街社区居家养老服务试点工作取得明显成效。目前，社区居家养老服务试点有3名工作人员，分别是护理员、心理疏导员和水电维修员。其中，护理员主要照顾老人的日常生活起居，心理疏导员主要负责疏导和解决老人的心理问题，水电维修员则负责水、电等生活设施的管理和维修工作，这些服务都是社区免费提供的。针对空巢老人，社区提供上门服务，基本上每周都要走访一次。此外，在天气恶劣的时候，譬如大雪天，社区还会拿出一部分资金，为老人买木炭、买油、买米，送

---

① 资料来源：《解放街社区基本简介》，2018。

2018年8月14日，连玉明院长与解放街社区93岁居民陈老珍交流。

到家里去。社区老人对居家养老服务试点工作都比较欢迎和支持，试点工作广受好评。

（二）率先推行低保评议三公开

低保和困难补助的申请与发放是百姓比较关注的问题，也是社区工作量最大的任务。对此，解放街社区掌握的方法就是，首先考虑残疾人，其次是家中有大学生的，最后是空巢老人和留守儿童。对低保实施动态管理，做到应保则保、应退则退。一般来说，社区每半年核查一次，对于一部分在外面打工的低保户，解放街社区采取电话通知的方式，每年一、二月份和七、八月份，这两个时间段要回社区认证。

2018年8月14日，连玉明院长一行走访解放街社区田坝组。

目前，"四有人员"①已全部清退。

为增强低保和困难补助申请与发放工作的公信力，解放街社区在万山镇率先推行低保评议三公开，公示贴在外面，由老百姓来监督。何谓"三公开"？即名单公开、金额公开、原因公开（说明为什么吃低保）。正是由于这样的全公开、全公示，低保和困难补助的发放才会让百姓心服口服。目前这一做法已在万山镇推行。

（三）驻村对接为民办实事，深得老百姓认可

解放街社区驻社干部和社区居委会密切配合，联合为民办实事，深得老百姓的认可，并得到《贵州日报》《贵州党建》等媒体的关注和

---

① "四有人员"，即有小轿车、有商品房、有工商营业执照、有子女在机关事业单位工作的人员。

肯定。例如，2017年11月，在支部的号召下，为张家湾葡萄基地种植户罗世俊解决了3万多斤产品滞销难题，特别是驻村干部杨泽照积极主动请战，跑前跑后免费送货上门，抓促销，自己出钱接待客户，举行晚秋葡萄开园踏秋优惠活动。活动当天，人来人往，车水马龙，参加活动的多达四五百人，整个活动举办得非常成功。种植户十分感谢社区给他帮了大忙，解决了实际困难，并深情地说："明年我都不愁销售了，非常满足了。"还有社区东门组养殖户李志祥，夫妻二人养了大小30多头猪，但爱人得癌症不幸去世，自己本人得脑梗行动不便，这么多头猪的处理就成为大问题。在此情形下，也是社区与驻社干部帮助解决困难，想方设法把猪全部卖了，并妥善处理好包括将李志祥送到敬老院及料理其爱人的后事等诸多事宜，赢得了广大居民群众的一致好评。这些事迹经过《贵州日报》《贵州党建》等媒体的报道，引起很大反响。这充分说明，社区和驻社干部只有为百姓多办好事、实事，才会得到群众的拥护。

四、突出问题和难点

经深入调研发现，解放街社区存在的较为突出的问题主要有以下几个方面。

（一）新旧城区发展不平衡

一是万山区政府相关部门搬迁至谢桥新区后，行政服务大厅与人员资料随迁导致旧城区居民办事不便。二是由于人员迁出，社区人口减少导致社区经济发展活力受到影响。

解放街社区监委会主任、原贵州汞矿科研所副矿长李晓康反映，居民对于政府政策向新区倾斜，许多优质医疗教育资源都迁到新城有看法，有群众甚至抱怨"干脆不要叫万山区政府了，直接叫谢桥区政府"。解放街社区致富带头人、养猪大户陈民还提到，由于受市场价格波动，养猪有时会出现资金周转不灵的情况，过去可通过农村信用社贷款解除困境，信用社总院搬迁至谢桥后，社区内只有一个分院，如今总院与分院由于信息文件沟通不畅，办理贷款相当困难。社区辖内养老院院长梁兴芝反映，随着行政单位搬迁，社区内还没有设立相应的服务窗口，许多事务办理需要多次辗转到新区，老年人、残疾人等行动不便的群体辗转到新区办事很困难。

2018年10月23日，调研三组访谈致富带头人陈民。

（二）社区压力过大，呼吁减负

社区居委会本是一个居民自治组织，并非政府的派驻机构，但目前社区日常工作中检查多、考核多、台账多、任务多，而为居民服务的时间较少，"社区是个'筐'，什么都往里面装"的现象较为突出。调研发现，如今基层社区的工作量很大，上面千条线下面一根针，全区70多个科局除和检察院没有工作事务往来，其余所有科局工作都与社区基层有关，大到公安户籍、消防、道路、安全生产、食品安全，小到农业农村、民生、医疗救助和各种普查、入户调查统统归基层，所以下面"这根针"压力太大。社区居委会主任梁巨彬说，解放街社区户籍人口接近5000人，加上外来人口，有七八千人。社区"两委"人员才7人，加上监委会3人也才10人，要管这么大一个片区，这么多的人口，任务很重。上面的工作往下压，压了以后还要检查。一旦完不成又要受罚，这是一个很头疼的问题。为此，社区强烈呼吁"减负"，减轻基层社区负担。

（三）"三多一少"问题突出

在解放街社区，"三多一少"问题比较突出。何谓"三多一少"？即下岗职工多、困难弱势群体多、吸毒人员多，就业机会少。其中特别是下岗职工，相对于万山镇别的社区，解放街社区尤为突出。原先贵州汞矿时代的八大公司，如粮食局、供销社等单位下岗职工基本上全部集中在解放街社区，加之下岗职工再就业机会比较少，问题解决起来尤为困难。[①]

---

① 资料来源：解放街社区党支部书记刘贵平访谈录音资料。

五、对策与建议

面对行政中心搬迁后导致的新旧城区发展不平衡的窘境，加强新老城区融合发展已成为各界共识。各方普遍认为，既要建设好新城区，也要提升老城区，要通过生态修复和城市修补，促进新老城区空间、功能深度融合，以新促老、新老融合，让人民群众更有获得感、归属感。

首先，从便民办事目的出发，建议搬迁到新区的相关部门积极做好工作对接，包括落实好搬迁后原办公地点的再利用问题，居民办事的相关记录文件、办理事务情况，居民知晓搬迁通知的情况等。

其次，采取措施促进新区老区协同发展。一方面，要加强联系，交通部门可增设城乡一体化巴士，发展便民交通；各行政办事机构要快速搭建网络化办公平台，消除时空界限，保证政民信息沟通顺畅，

2018年10月23日，调研三组访谈解放街社区居委会委员、原敬老院院长梁兴芝。

让百姓少跑路、好办事。另一方面，要加强功能布局，新旧城区有不同的经济社会功能，不同区域需要强化差异发展意识，要根据自身的优势特色定位区域功能、制订发展计划，从而真正实现区域协同发展。

最后，从增强城市整体活力角度出发，建议在制定城乡规划时考虑优化过渡空间设计，使新旧城区交界空间过渡和缓、流畅，从而适当模糊市民心中新旧城的概念，消解抵触情绪，增强市民空间参与性和活动积极性。抓住老城区居民对美好生活的需求，把改善民生放在重要位置。突出有机更新，城市修补要着重提升老城区的地区活力、服务能力和承载能力，生态修复要以山体修复和绿地增补为抓手，优化开放空间品质。补上公共服务短板，挖潜老城区存量土地资源，补充文化、体育、养老等公共设施。万山镇各社区可多修建一些公共娱乐场所，如广场、休闲公园等，促进市民的交流沟通，同时带动一部分经济产业如休闲旅游业的发展。

社区是城市的细胞，是连接居民群众和政府的桥梁与纽带。随着城市经济社会的不断发展，社区基层在社会治理体系中越来越重要。同时，社区承担的行政事务越来越多，所承担的行政职能越来越多，所承受的负担也越来越重。如何让社区真正减负，真正便民？建议从制度着手，构建长效机制。要更加严格落实社区事务准入制度。全面清理、压缩进入社区的各种会议、台账、材料、报表，规范面向社区的各类检查评比和创建达标活动，严格准入制度，建立准入目录制度并面向社会公开。同时，对依法应当由社区协助的事项，政府为其提供必要的经费和工作条件；委托社区办理的有关服务事项，全面实行"权随责走、费随事转"。加大政府购买服务力度，以服务外包、项目管理等方式委托社区承担，逐步实现公共服务社会化、专业化、市场化。

对于万山镇特别是解放街社区比较突出的"三多一少"问题，尤其是困难弱势群体、下岗职工再就业问题，万山区、镇政府应予以高度重视，下大力气促进下岗失业人员充分就业。注重加强再就业技能和创业能力培训，坚持把提高下岗失业人员素质作为着力点，根据市场需求，联合相关部门，聘请专业人员，组织下岗失业人员开展多层次、多类型的职业技能和再就业能力培训。其中，"4050"人员年龄偏大、技能单一，是下岗失业人员中的弱势群体，也是再就业工作的重点和难点。要在就业指导上下功夫，根据"4050"人员的个人特点，为他们争取保安、巡防、禁毒协管员、交通协管员等公益性岗位。深入开展"结对子"活动，一名党员领导干部和一名困难群众建立帮扶对子，真正帮助下岗失业人员解决实际困难。全力做好小额贷款工作，为失业人员再就业和创业提供资金保障。

参考文献

1. 铜仁市万山区转型可持续发展大调研组：解放街社区居委会"两委"主要领导座谈会录音资料。
2. 铜仁市万山区转型可持续发展大调研组：解放街社区驻村干部杨泽照，支部书记刘贵平，社区监委会主任、原贵州汞矿科研所副矿长李晓康，致富带头人、养猪大户陈民，社区敬老院院长梁兴芝深度访谈录音资料。
3. 解放街社区：《关于万山镇解放街社区的调研汇报》，2018。
4. 解放街社区：《解放街社区2017年度"三委"工作总结》，2018。

第二篇

高楼坪乡

看着堂屋内的一筐筐红苕，老大娘说，老了，不中用了，种了些红苕，太重，拿不动了。老大爷说，背回来、洗干净、切碎片、煮一煮，就可以酿酒了，味道还是原来的味道，香！

东风浩荡气象新，红日东升山河壮。红太阳，新时代，硕果累累，
小康可望。

老屋安谧静悄悄，学堂书声琅琅操。养鸭脱贫致富路，生态新城立湖潮。

守好万山的"大门"
擦亮万山的"窗口"

——老山口社区调研报告

2018年10月17~19日，铜仁市万山区转型可持续发展大调研第三小组孙清香、肖连春赴高楼坪乡老山口社区开展了为期3天的调研。17日上午，调研人员在老山口社区党支部书记兼居委会主任田志昌的陪同下，实地考察了社区基础教育、住房保障、油茶产业种植、丹砂湖生态新城建设、松桃—玉屏城际快速公路建设等基本情况。随后，调研组在老山口社区居委会一楼会议室召开老山口社区经济社会发展情况调研座谈会，与老山口社区"两委"（党支部、居委会）全体成员、驻村工作队全体成员以及万山区投资促进局副局长王涛等11人进行了全面深入的交流。17日下午，调研人员对原老山口村支书成朝富、老山口社区监委主任杨通金、驻村工作队队长陈汉彪进行了深度访谈，进一步了解老山口社区的发展变化。18日，调研人员对老山口社区农技人才陈代贵、老山口组组长杨通元、万山汞矿退休员工杨仁贵、敬老爱老模范聂胜华和双残自强户刘双娣等五人进行了访谈，从产业发展、基层自治、养老工作、传统文化等方面深入了解老山口社区的发展情况。19日，调研人员在老山口社区党支部副书记杨义军的陪同下，对大坪民族小学校长崔铭进行了深入访谈，基本掌握了老山口社区基础教育情况。19日晚，调研人员先后对唐召维①重孙李长荣、孙子唐钟刚、儿子唐光海、儿媳姚玉秀进行了深入访谈，深入了解一家人的生活情况。调研中收集了老山口社区情况简介、关爱老幼病残人员活动简报、夜间扶贫院坝会总结和历年驻村工作计划、工作总结、述职报告等文字材料11份，以及图片资料40余张。总体来看，老山口社区规模较小，社区集体经济处于起步阶段，但区位优势明显，交通、水、电等基础设施齐全，居民收入较高，已实现了脱贫摘帽。在万山转型发展的过程下，老山口社区还有一些历史遗留问题有待解决，文化娱乐设施薄弱和生活污水处理设施短缺等民生问题也亟待解决。

一、基本概况及历史沿革

（一）基本信息

老山口社区位于铜仁市万山区高楼坪乡北部，东邻林海村，西靠玉屏县，南接新庄村，北临茶店街道，距高楼坪乡政府5公里，区域面积3平方公里，耕地总面积850亩（其中水田650亩、旱地200亩），社区

---

① 唐召维，祖籍湖南，16岁参军，辗转加入中国人民解放军，参加了淮海、平津等重大战役，中华人民共和国成立后，还参加了抗美援朝，后定居老山口社区。2011年，老人离世。调研组希望访谈其家人，了解他们十年来的生活变化。目前，李长荣在铜仁交通学院汽修专业就读，唐钟刚以跑出租谋生，唐光海做水泥工，姚玉秀则以零工为主并操持家务。2008年1月，贵州发生雨雪冰冻灾害，时任中共中央政治局常委、中央书记处书记习近平来到万山特区高楼坪乡老山口村慰问受灾的侗族村民唐召维。

辖9个社区居民小组，共有406户、1114人，其中60以上老人170人，90岁以上老人5人（分别是田昌植、田昌维、杨政桥、刘世兴、杨再和）。社区居民以侗族为主，占总人口比例约60%，有杨、田、艾和向四大姓氏。社区有党员40人、预备党员1人。社区有低保户68户90人（其中建档立卡户21户、34人），五保户2户、2人，残疾户58户、70人（其中建档立卡户15户、18人，一、二级残疾11户、11人）。社区有贫困户40户、129人（2014年脱贫2户、8人，2015年脱贫7户、27人，2016年脱贫14户、44人，2017年脱贫12户、41人），截至2017年末尚有建档立卡未脱贫人口5户、9人，致贫原因均是因病因残，已由民政兜底。以2017年老山口社区人口1114人为基数计算，2017年底贫困发生率为0.81%。2018年9月，万山区以优异成绩顺利通过国务院扶贫开发领导小组委托第三方评估机构进行的专项评估检查，贵州省人民政府同意万山区退出贫困县，老山口社区实现脱贫摘帽。

（二）基层组织概况

截至2018年10月，老山口社区有驻村工作队员6人，分别是驻村工作队队长陈汉彪（高楼坪乡党委委员、人武部部长、副乡长），驻村2年；副队长姚艳云（高楼坪乡人大副主席），以及队员张亮（高楼坪乡政府综治办干部）、刘颖杰（高楼坪乡民政办负责人）、冯晓菊（高楼坪乡林业站工作人员）、刘泽云。

老山口社区"三委"（党支部、居委会、居务监督委员会）共7人，包括社区党支部书记兼居委主任田志昌、监委主任杨通金、支委副书记杨义军、支委兼居委委员向平和田斌，另有监委委员两人。

2011年，老山口社区推行党支书、居委主任"一人兼"和支居"两

2018年10月17日，调研三组与老山口社区领导干部召开座谈会。

委"委员交叉任职试点，支委书记兼任主任，支委委员兼任居委委员。2014年起，老山口社区设立了居务监督委员会，主要职责是坚持公平、公正、公示的原则，监督社区支委和居委，做好村务公开，审查社区收支情况，发放各类救助资金，杜绝优亲厚友事件发生。其中，村务公开内容需经"党员走账会"讨论通过，主要形式是张榜。

（三）历史沿革与社区传说

老山口社区党支部书记兼居委主任田志昌介绍，很久以前，有一位老人经老山口地域而过，半夜听到鼓响，震声雷雷，那时起便把该地唤作"铜鼓塘"。后来，村民总能在半夜三更之时听到类似的声音。对此，村民都说："铜鼓铜鼓，老山口迟早是要发展的。"再后来，"铜鼓塘"改名老山口村，"铜鼓塘"只在一代代人之间口口相传。老山口社区仍保有的风俗习惯是腰鼓队。每逢红白喜事，主人家都会邀请腰鼓队进行表演。

如今的老山口社区是村改居的产物。2009年，老山口村改为老山口社区。在老山口村之前，老山口加上林海，统称为大坪村。老山口社区人口是大坪村的三分之一，面积却只是原面积的五分之一。万山区委、区政府曾打算搬到老山口，但后因种种原因未落实。

二、基础条件和特色优势

（一）基础设施

老山口社区可称为万山区的"大门"，区位优势明显，地处铜仁市区和玉屏县中间，域内有201省道和铜大高速公路以及在建的松桃至玉屏城际快速公路，在建的铜仁至玉屏城际铁路朱砂古镇站也位于老山口。社区内道路基本硬化，直达每户家门口。

老山口社区通过"五改一化一维"（2017年实施改厨88户、改水91户、改厕41户、改圈2户、改电22户、道路硬化26户、房屋维修56户），已实现水电全覆盖。其中，在生活用水方面，有一半的居民已被纳入城市管网，另一半通过提灌解决用水问题；光纤网络实现全覆盖，居民网络接入率接近60%。另外，2014年至2016年社区先后实施危房改造54户，2017年实施危房改造2户，2016年至2017年先后实施易地扶贫搬迁10户、36人。

相比十年前，老山口社区环境卫生已有很大的改观。社区内设有垃圾投放点，垃圾箱满后，由专门的公司拖走进行无害化处理。同时，社区聘有专门的清洁员，保证了社区良好的环境卫生。但社区仍存在垃圾收运经费不足、污水未实现无害化处理等问题。

（二）公共服务设施和公共服务水平

老山口社区有公办小学和公办幼儿园各一所。小学是大坪民族小学，在校学生171人；幼儿园紧邻小学而建，在校幼儿41人。社区建档立卡在校学生27人，全部享受教育资助（其中学前和小学资助16人、初中资助5人、高中资助1人、中职资助2人、大专以上资助3人），无一人因贫失学。同时，政府代缴合作医疗保险89户、169人，所有建档立卡贫困户均享受四重医疗保障（第一重：新型农村合作医疗基本医疗补偿；第二重：大病保险赔付；第三重：民政医疗救助、计生医疗扶助；第四重：医疗费用兜底及非医疗费用救助保障）。此外，在文体娱乐设施方面，社区仅有体育广场一个，文娱广场过少。

（三）经济发展与就业

自2011年"万山转型工业园区"建设以来，老山口社区抓住机遇谋发展，取得了积极成效。田志昌介绍，近十年来，老山口社区居民人均年收入从3000多元提升到8000多元。在老山口，居民的主要就业方式包括运输、个体经营、农业生产、外出务工、油茶种植、中华蜂养殖，以及到周边企业（如铜仁市万山区东奇电气有限公司、万仁汽车集团有限公司）务工。另外，万山区投资促进局是老山口社区对口帮扶单位，在招商引资、资金扶持、产业发展等方面给予了一定的帮助。

在集体经济方面，老山口社区主要有中华蜂养殖和油茶种植。其中，油茶种植是传统产业，建有油茶基地一个，种植面积约1200亩（新油茶400亩、老油茶800亩），油茶籽销往田坪镇的榨油厂。下一步，老山口将发展林下养殖来助力增收。中华蜂养殖则是近年才发展起来的，主要是村集体带动，村民零星散养，总规模在300箱左右。

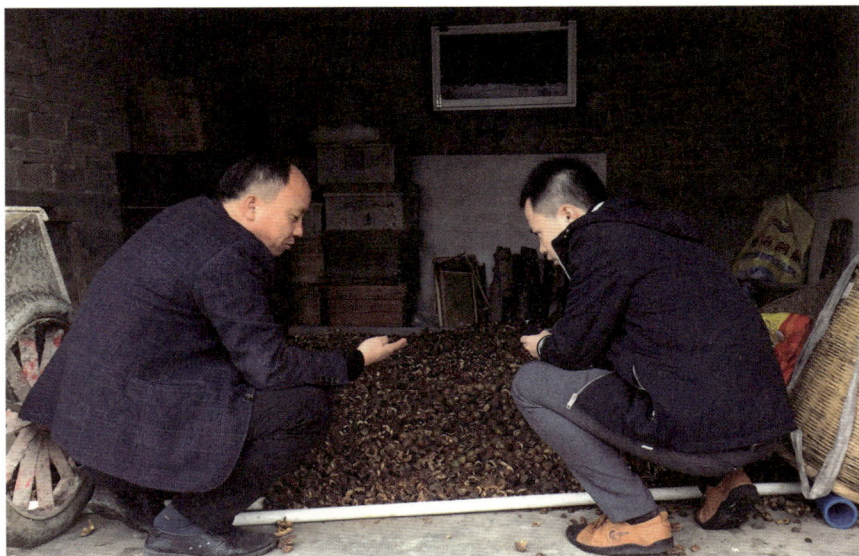

2018年10月17日，调研三组与老山口社区支书兼主任田志昌交流油茶种植情况。

（四）文化传承

20世纪60年代，老山口社区因建设大坪民族小学，拆除了远近闻名的田氏宗祠。如今，社区已没有特色的文化资源，老屋所剩无几。在发展过程中，社区已逐渐意识到村级文化资源保护的重要性，在后续建设丹砂湖生态新城过程中，涉及易地扶贫搬迁情况时，都会注重这一问题。

三、创新实践及发展模式

从老山口社区的实践探索来看，主要诞生了中华蜂养殖的"老山口模式"。

老山口社区在中华蜂养殖及技术的推广上，逐步探索出"老山口模式"。根据陈汉彪的介绍，老山口社区中华蜂的养殖分为三个步骤：第一步，项目"引进来"；第二步，以村为单位有序推广；第三步，以家庭为基础，形成特色产业。

项目"引进来"：老山口社区组织人员赴外地考察，寻找合适蜂种。这一过程中，考察人员发现，中华蜂采蜜不限于大规模的花源，零星的野花就足以养活，而且采野花还有助于蜂蜜品质的提升。对比发现，老山口的花源特点——各类花比较分散、不集中，零星散布于社区各处，有油茶花、野菊花等，正好适合中华蜂的养殖。

以村为单位有序推广：通过村集体经济的形式探索中华蜂养殖，待技术成熟，风险降低，有明显效益之时，再大力推广说服村民养殖。据技术员陈代贵介绍，老山口社区的中华蜂养殖方式，应以"桶箱养殖＋零星散养"为佳，必须遵循"有多少田，就喂多少鸭子"的原则，契合当地生态承载量。

以家庭为基础，形成特色产业：零星散养，带领居民脱贫致富。陈汉彪介绍，结合老山口社区情况，以及中华蜂的分散养殖方式，宜以家庭为基础，平均每户可养十箱——十箱既能保证蜜蜂采集到足够的蜂蜜，也不至于过于分散，节约了管理成本。然后，再通过开发蜂蜜、蜂王浆、食用蜂蛹等特殊产品，形成别具特色的中华蜂产业品牌，带领老山口社区居民脱贫致富。

2017年7月，老山口以500多元每箱的价格引进中华种蜂100箱，共计花费约6万元；随后，10月第一次获取蜂蜜，纯利润达到3万余元；2018年3月，100箱种蜂分箱，每箱平均分为2~3箱，养殖规模从100箱上升到近300箱；2018年10月之后，进入蜂蜜收获期，主要产品是蜂蜜，市场价格约150元／斤，下一步老山口将重点发掘蜂王浆。在老山口社区的带动下，中华蜂养殖技术已在高楼坪乡推广。

对于社区未来的发展，老山口社区"三委"的思路是，抓住生态文明建设的机遇，加速推进丹砂湖生态新城的发展，结合第三产业如旅游业、零售业、酒店业等，壮大集体经济。同时，保护好斗山温泉、瀑布等自然生态资源，为社区发展留下空间。

四、突出问题及原因

（一）灌溉水渠被截断，水田种植受阻无补偿

老山口社区在万山转型发展过程中，出现了"老山口组"水渠被截断的问题，目前尚未得到妥善解决。据社区居民介绍，该水渠为灌溉水渠，主要流经老山口社区2个组的农田。几年前，因建设"和泰

2018年10月18日，调研三组访谈老山口社区农技人才（养蜂）陈太贵。

茶叶厂"（2016年停产）水渠被截断，后因修高速、高铁和城际大道再次被截断。由于缺水，水田（60余亩）不能再种植水稻，只能种玉米。据测算：种植一亩水稻年成好时可收1200斤稻谷，不好时能收800斤，平均产量1000斤左右，稻谷市场价格约1.5元／斤，100斤稻谷可打大米65~70斤，大米价格在2.5~3元／斤，忽略人工成本、运输费用、打米费用，若以稻谷计一亩收入在1500元左右，以大米计一亩1625~2100元（若用收割机，每亩应扣除费用约250元）；若种植玉米，每亩玉米颗粒产量在600斤左右，玉米市场价格在1.1元／斤左右，每亩收入约660元。综合来看，改种玉米后水田亩均收入大幅减少，60亩水田每年平均损失七八千元，但村民未得到任何补偿。

（二）文体娱乐设施薄弱

老山口社区驻村工作队、社区"三委"和居民重点反映的一个问题，就是老山口社区严重缺少文化体育娱乐广场，社区居民特别是老年人休闲、散步、娱乐不方便。这种现象并非老山口独有，其他村庄也存在，是社会转型过程中逐步暴露的公共服务设施短缺问题。随着人们生活水平的提高和人口老龄化的加快，农村社区老年人口逐年攀升，对文体娱乐的需求也逐步增多，但囿于城乡发展过程中资源分配不均，这种文体娱乐设施不足的问题在村改居社区尤为明显。

（三）环境设施有待改善，居民生活品质有待提升

调研发现，老山口社区仍存在白色垃圾和污水无害化处理的问题。具体来说，白色垃圾治理难点是经费问题，仅白色垃圾收运所需费用，每年达10万元，社区经费压力较大。在垃圾收运方面，调研组在林海

村看到了相似的问题，主要表现为垃圾收运频率较低，村民反映"环保垃圾箱每次都是堆满了，甚至是撒到外面了才有人来拖走，有时一个星期就来一次"。

污水无害化处理方面，主要是设施仍未建设，生活污水、厕所冲水等亟须无害化处理。调研组在多个村庄调研时发现，绝大部分村庄都未实现农村污水无害化处理（但从社区党支部书记田志昌处得知，高楼坪乡青年湖黄家寨在旅游村庄建设中已实现生活污水的无害化处理）。老山口社区干部和居民提到，老山口的生活污水无专门管道排除，不少排污口出现恶臭现象。事实上，老山口社区重视污水无害化处理问题是一种生态文明意识的觉醒，体现了居民希望追求更高品质的生活。

五、对策与建议

（一）设立补偿基金，助力转型发展

针对老山口社区水渠被截断这一历史遗留问题，因受益群体覆盖面广（尤其是高速公路、高铁、城际大道建设），涉及整个万山区甚至是铜仁市，因此应从区级及以上层面协调解决。具体建议由区政府出面统筹，向铜仁市委、市政府申请设立万山转型可持续发展补偿基金，主要用于补偿万山转型可持续发展过程中利益受损的个人或小型群体。在补偿方式上，可以是对居民或村民的直补，也可以是恢复原样，还可以是对受损个人或群体进行项目投资，通过优惠甚至免息贷款达到损益平衡。以补偿老山口社区水渠被截断一事为例，一方面，可按实际受损情况给予受损居民直接补助；另一方面，

最大限度地恢复土地功能。具体来说，就是从补偿资金中拿出一部分为该片水田修建灌溉管道，使农田能种植水稻。

（二）分步建设休闲广场，补齐文娱设施短板

对于老山口社区严重缺少文化体育娱乐广场的问题，建议上级政府统筹，在脱贫摘帽后一年内，先建设一个文体娱乐广场，随后再逐步完善。老山口社区目前仅有小广场一个，居民406户、1114人集中生活在4个区域，按照集中情况进行布局的话，有4个文体娱乐广场才能满足居民需求。从资金来源上看，老山口社区集体经济还未成形，未产生明显效益，所以可采取本地居民投工投劳、上级政府部门提供资金支持的方式来建设。

（三）按照"政府主导、企业运作"的方式推进垃圾和污水处理全覆盖

在垃圾收运方面，上级政府应加大统筹力度，从长远考虑划出专项资金，用于乡村垃圾收运处理。对特别困难的村庄宜全额拨付资金，缓解这些地区垃圾收运经费不足的问题。同时，督促收运和处理公司，提高收运频率，保证物尽其用，打好"美丽乡村"的基色。

污水无害化处理是目前许多社区和村庄都未解决的问题，建议由区级统筹研究解决。构建"政府购买服务、企业一体化运作"新机制，寻找第三方企业，制订符合贵州喀斯特地貌特点的污水处理技术方案，力争实现农村生活污水"接管"全收集、规模化处理。政府可组织专项小组赴发达地区如苏州考察，学习借鉴其在推进城镇、农村污水治理方面的经验。例如，苏州太仓城厢镇建设了生活污水处理人工湿

地——由调节池、垂直流湿地、水平流湿地、草溪湿地和生态塘5个部分组成，日均处理污水150立方米，既解决了污水无害化处理问题，也为村民提供了休闲娱乐的场所。

在实际建设中，要适应农村污水"量小、散乱"特点，以城镇、重点村、特色村、污水集中区为中心建设中大型污水处理设施，发挥辐射效应，通过污水管网建设，接入邻近各村庄的生活污水，逐步实现污水处理行政村全覆盖。这一过程中，要确定优先治理区域，分步推进。在日常运营监管方面，可委托第三方加强对运管企业的监管，确保污水无害化处理取得实效。此外，要加强宣传，促使农民提高治污环保意识，节约使用洗涤剂、洗洁精、洗衣粉等各种化学用品，从源头上减少生活污水的排放量。

参考文献

1. 雷思：《苏州推进农村生活污水治理 2020年农村生活污水治理率将达到85%》，《中国城市报》2018年7月19日。

2. 苏州市委、市政府：《苏州市"两减六治三提升"专项行动实施方案》，2018。

3. 刘泽云：《2017年驻村工作计划》《2017年驻村工作总结》《2018年老山口区上半年驻村工作述职报告》。

4. 老山口村：《老山口村情简介》，2018。

山耸云蔽青松翠，峡谷深溪别洞天。山崖耸立，绿白相间，峰里峰外，层楼掩映。

乌砖黑瓦，整整齐齐，拥院而立。主人说，好多年了，舍不得拆。
大娘也说，多少年了，还是在这里浣洗方便。

舍外康庄大道，舍内致富之门。灰蒙蒙的天空，也遮不住"白白胖胖"的致富路。

让致富带头人引路
把乡村新动能激活

——林海村调研报告

　　2018年10月20～21日，铜仁市万山区转型可持续发展大调研第三小组孙清香、肖连春赴高楼坪乡林海村开展了为期2天的调研。20日上午，调研人员在林海村第一书记罗正和村主任田茂凯的陪同下，实地察看了村文体活动广场、苗圃基地、葡萄种植基地、村集体养猪场、新时代农民讲习所等。随后，调研人员在林海村委会会议室召开座谈会，了解了林海村的基本概况以及产业发展、脱贫攻坚、社会转型、生态宜居、乡风文明、乡村治理等方面的情况，参加该会议的有村第一书记罗正、村主任田茂凯、监委主任成应桥、支委委员成朝富和杨小翠、村委委员张仁侗和杨杰、监委委员吴成云和杨续发、老矿工后代田茂华等10人。20日下午，调研人员先后对驻村第一书记罗正、老矿工后代田茂华、监委主任成应桥和致富带头人吴绍武做了深度访谈。21日上午，调研人员分别对监委委员吴成云和异地搬迁户、脱贫代表陈洪有做了深度访谈。21日下午，调研人员开展随机入户调查①。调研过程中收集了《林海村情简介》《高楼坪乡林海村2017年脱贫攻坚"秋季攻势"实施产业规划》等相关资料。总体来看，林海村经济社会发展整体水平较高，基础设施较为完善，产业优势明显。调研中各方面反映比较集中的问题：一是3000亩原始森林尚待开发；二是自来水覆盖率低，且因水压不够无法满足冲厕需求；三是水渠等农田水利设施建设需加强等。调研人员据此提出了初步对策思路。

一、基本概况及历史沿革

（一）基本信息

林海村位于高楼坪侗族乡南部，距乡政府5公里，西邻老山口社区和新庄村，南接赶场坝村，东北面和茶店街道交界，东南与敖寨乡接壤。该村成立于2009年，由原老山口村（现已改为老山口社区）划拨的甘塘组、吴家组、上大坪组、背后湾组、小琴门组、大琴门组、黄家组、烟头组、山马冲组、洞头组、毛笔山组、杜王坳组、长引溪组、青年组、老年组、蒜田组、老屋组等17个村民组组建而成。全村辖区面积12平方公里，有耕地1680亩（其中水田780亩、旱地900亩）。

林海村共有村民711户、2088人，侗族人口约占全村总人口的80%，有吴、田、杨几大姓氏。全村有60岁以上老人220人，90岁以上老人7人，空巢老人60人，低保户83户、122人，五保户2户、3人，残疾户88户、

① 调查对象：王平（女，55岁）、肖芬芬（女，32岁）、成发林（男，55岁）、刘桂雪（女，48岁）、田伟（男，34岁）、赵田芬（女，24岁）、谢春燕（女，40岁）、杨绪发（男，61岁）、吴元亮（男，51岁）、黄小香（女，55岁）。

97人，三无人员①3人，留守儿童50人。村里有党员54名。林海村属非贫困村。自2014年开展精准扶贫工作以来，全村建档立卡贫困户111户、313人，脱贫户99户、281人（其中2014年脱贫9户、33人，2015年脱贫30户、97人，2016年脱贫20户、56人，2017年脱贫40户、95人），2017年末有建档立卡未脱贫人口12户、32人，贫困发生率为1.53%。目前尚未脱贫的主要是五保户和因病因残致贫人员。

（二）基层组织概况

林海村现任第一书记罗正（万山文广局执法大队干部），任职时间为2018年8月至今。驻村主要工作包括：一是推动"五改一化一维"工程落实，二是开展精准扶贫查缺补漏，三是低保排查，四是参与危房改造评审验收，五是参与养老金、分红收缴，六是矛盾纠纷调解。林海村"三委"（党支部、村委会、村务监督委员会）班子包括支委2人②、村委3人、监委3人。现任村主任田茂凯，任职时间为2016年12月至今；村监委主任成应桥，任职时间为2017年4月至今。

（三）乡村特色

林海村地处要塞，植被繁茂，林木葱茏，有小溪4条，森林面积共计5000亩，森林覆盖率高达80%，有护林员4名。该村拥有占地3000多亩的原始森林，植被以松树、杉树为主，四季常青。这里是动物天堂，有野猪、山羊、竹鼠、白面③、穿山甲、珍稀鸟类等动物；这里也是植

---

① "三无人员"，指由民政部门收养的无生活来源、无劳动能力、无法定抚养义务人或法定抚养义务人丧失劳动能力而无力抚养的公民。

② 目前村支书暂时空缺，原村支书杨通武于2018年初辞职。

③ "白面"，狸的一种，也称牛尾狸、果子狸。面白色，尾似牛，喜吃果实，捕鼠胜于猫。

2018年10月20日，调研三组访谈林海村监委会主任成应桥。

物王国，有药草、野樱花、兰花、野生猕猴桃、尖栗等各种植物。每到春天，花香遍野，远远望去，甚是美丽。位于该村境内的仙人桥、娘娘岩风景秀丽，是亲近大自然的绝佳之地。

村里民俗活动主要有腰鼓、民族舞表演。手工技艺方面，林海村原来有背篓制作工艺，现在已不再进行生产。

二、基础条件和特色优势

（一）基础设施

目前，林海村17个组已全部实现组组通、户户通硬化路。全村711户居民饮水皆有保障，无饮水安全问题。村内井水20余处，提灌^①约

---

① "提灌"，即用电泵等装置将水从低处抽到高处的蓄水池中，再让水从高处流到低处使用。

10个，2018年在2个组建设2个人饮提灌，惠及群众90余户、230余人。2017年实施"五改一化一维"（即改厕、改灶、改水、改圈、改电，以及庭院硬化、房屋修缮）486户，其中贫困户102户，非贫困户384户。2014~2018年共实施危房改造118户，易地扶贫搬迁5户。全村711户居民全部通电通信，实现了网线通信进村入户。全力协调推进"广电云"户户用安装工程，全村免费安装机顶盒711户，打通了从村到户的"最后一公里"，实现了从"看电视"向"用电视"的转型升级。

（二）公共服务设施和公共服务水平

全村共有建档立卡户在校学生56人，全部享受教育资助①（其中学前3人、小学30人、初中9人、高中5人、中职4人、高职1人、大专及以上4人）。全村 6~16 周岁村民无一人因贫失学。新农合参保2088人，参保率100%（其中政府代缴合作医疗保险111户、313人）。全村所有建档立卡贫困户均享受四重医疗保障（第一重：新型农村合作医疗基本医疗补偿；第二重：大病保险赔付；第三重：民政医疗救助、计生医疗扶助；第四重：医疗费用兜底及非医疗费用救助保障）。该村设有1个卫生室，有1名医生。以"欢乐 文明 和谐"为目标，全村共建设文化活动广场5个，配套篮球设备、健身器材，基本满足了群众茶余饭后的休闲娱乐需求。

另外，根据贫困户实际情况和需求，按照"缺什么、补什么"的原则，通过政府集中采购及干部帮扶为贫困户添置生活必需品，发放

---

① 教育补助标准：小学600元/（年·人），初中1000元/（年·人），高中、中职3000元/（年·人），大学3700元/（年·人）。

电视77台，电饭锅73个，电磁炉92个，电炒锅76个，床44张，床上用品89套，衣柜68个，惠及全部建档立卡户111户，极大地改善了贫困户的生活条件。

（三）产业发展和集体经济

在脱贫攻坚大环境下，在上级部门、联系单位及村支"两委"共同努力下，林海村耗资190万元、占地30亩的村集体经济（温氏生猪代养）现已初具规模，2018年6月进购生猪苗700余头，年底可以出栏，利润有望达到20余万元，后期将按照"622"模式①进行分红。

林海村贫困户通过入股中华蜂养殖、连动大棚蔬菜、一户一亩菜园等村级集体经济建设项目，2014~2015年脱贫户分红500元，2016~2017年脱贫及未脱贫户分红1000元，共惠及该村110户建档立卡贫困户。另外，该村有油茶种植基地600亩、绿化树苗种植基地400余亩、黄桃种植基地120余亩、葡萄和提子种植基地100亩左右。

（四）乡村治理

根据乡镇统筹安排，林海村由8名环卫工②分片负责打扫全村卫生，建有垃圾池23个，发放垃圾桶700余个，定期清理垃圾。村"三委"认真做好群众来信来访和矛盾纠纷调解工作，排摸不稳定因素，把矛盾纠纷化解在萌芽状态，村社会治安得到明显改善。村委会结合村情和民众意见，制定了合情合法、合理合规的村规民约，共包含十个方面

---

① "622"模式，即资金分红时，将利润的60%用于贫困户分红，20%用于村集体经济积累，20%用于管理人员工资。

② 环卫工月工资为1000元/人，优先雇用本村的贫困户。

2018年10月20日，调研三组实地考察林海村绿化树苗种植基地。

的内容：一是要热爱祖国、热爱共产党、热爱社会主义、热爱家乡。二是要遵纪守法，不偷盗、不赌博、不坑蒙拐骗、不打架斗殴。三是要孝敬父母，履行赡养义务；凡虐待父母者，大房小事不给帮忙。四是要讲卫生，房前屋后、室内室外干净整洁；对乱倒乱扔垃圾者，发现一次罚款100~500元。五是要尊老爱幼，团结互助，善待妇女和儿童；不得以强欺弱、仗势欺人。六是要相信科学，移风易俗，不参与各类邪教组织。七是要重视教育，必须至少让孩子读完初中；凡考上大学一本者，一次性奖励2000元。八是要爱护公物，不得无故损坏公共设施。九是要积极参与村组集体路、桥、水、坝、库、塘等基础设施建设。十是要勤劳致富、勤俭持家，不得好吃懒做、铺张浪费。以上十条，全体村民共同遵守、互相监督。

三、创新实践及发展模式

调研中发现，万山区多个村都探索出各具特色的产业发展之路，但几乎都面临以下几个难题：一是资金困难，尤其是启动资金短缺；二是市场价格波动较大，村集体产业风险承受能力低；三是缺乏专业技术指导；四是缺乏专门人才带动。而林海村在产业发展上化解了这几道难题。

（一）发挥致富带头人引领作用，激发乡村发展新动能

乡村振兴，政策是指导，人才是关键。正是认识到人才的重要性，林海村在产业发展过程中非常重视发挥致富带头人的引领作用，一方面充分调动他们的积极性，另一方面为他们营造良好的创业环境，从多方面支持和帮助他们为家乡建设奉献力量。

说到致富带头人，林海村人对田丙和有口皆碑。林海村村民田茂华表示，"产业发展确实真的需要人带动。田丙和从2012年开始种提子，他真的是一个人才，因为他比较有积极性，有带动力，现在（村里）那一片葡萄林和黄桃林全是他带动发展起来的，起码有上百亩。而且他的为人处事，在我们寨上可以说是无人不尊重、无人不爱戴的。"可惜的是他已去世。林海村第一书记罗正介绍，在田丙和的带动下，从2012年之后大家慢慢对种植养殖感兴趣了，林海村的产业发展基本上开始形成气候了。比如村民田儒广，原来外出务工，2014年返乡，刚开始养羊、养鸡，后来开始种黄桃，目前黄桃种植年收入有十几万元。

在林海村，还有一个大家公认的致富带头人——吴绍武。在访谈吴绍武过程中了解到，他们夫妻在外地打工多年，两个孩子目前在读

初中，2012~2017年他们在无锡从事镀锌工作，夫妻年收入有十几万元，但是为了照顾年迈的父母他们毅然回家创业。村民对吴绍武的评价是：踏实能干、有勇有谋。正是有了这些致富带头人的带动和引领，林海村产业发展的新动能源源不断地被激发和释放，并产生叠加效应。

（二）依托生猪代养破解资金、技术、风险难题

调研中发现，林海村集体养猪场采用的是跟本村致富带头人吴绍武以及贵州温氏集团合作的生猪代养模式，很好地解决了产业发展过程中的资金、技术和风险难题。

经多方考察，林海村于2017年底开始建猪圈，2018年6月正式建成。据吴绍武介绍，面对项目启动之初的巨大资金压力，温氏集团给出5年22万元的无息贷款①，极大地缓解了资金紧缺的压力。猪圈建成后，从温氏集团以400元/头的价格购入720头小猪，同时在合同中约定以7.1元/斤的价格出售给温氏集团，正式出售时无论价格是上浮还是下调均以此价出售，因此不需要承受任何市场风险。而在技术指导和专业人才方面，由温氏集团提供饲料和药品，并有专门的技术人员每周多次前来查看生猪生长发育情况，并提供免费的技术指导，因此，只要用心去喂养，就能有好的收获。据估算，每头猪的收益在200~300元，年收入为20万~30万元。

传统的生猪养殖，在环境污染方面影响较大。而林海村生猪养殖场在修建之初就对猪粪的环保处理做了很好的规划。吴绍武称，每个猪圈里产生的粪便会从地板上的多条缝隙中直接漏下去，地板下边的

---

① 贷款额度按照1万元/栏的标准，22个栏共计22万元。

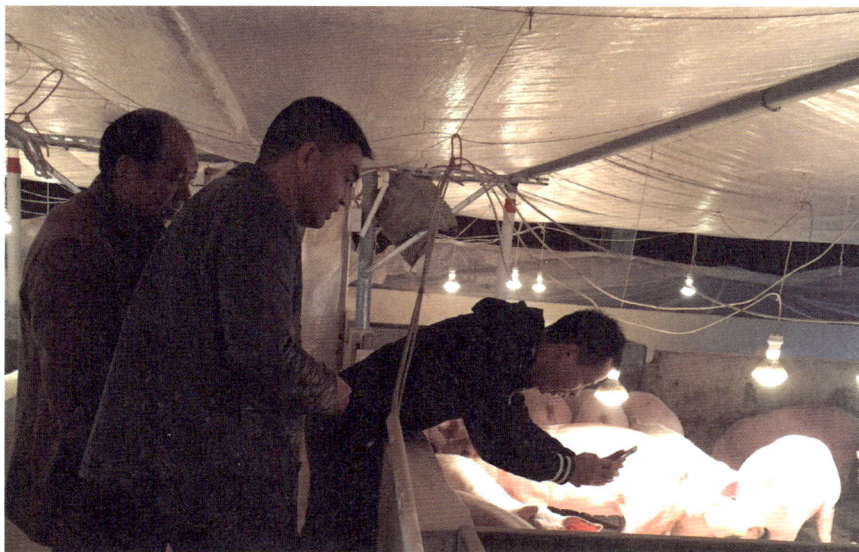

2018年10月20日，调研三组参观林海村养猪场，了解生猪养殖情况。

刮粪机将这些粪便推到化粪池，经发酵床发酵，制成可循环利用的肥料。另据村主任田茂凯介绍，养猪场的粪水一点都不会排出去，粪水经过处理以后，又把水抽到上面循环利用，一点都不会流失到别人田里面或沟里面。因此，整个过程中不会对周边环境造成污染。

四、突出问题及原因

（一）3000亩原始森林因灾受损，现已恢复有待开发

据林海村监委委员吴成云介绍，2007年，林海村的3000亩原始森林已被审批建设省级景区——琴门森林公园[①]。但2008年1月，该村遭受

---

① "琴门森林公园"，当时森林公园所在的村叫琴门村，因此该地起名为琴门森林公园。

百年不遇的凝冻灾害，全部森林被冻雨凝结，整体呈现一片银白色，就像一片片冰海。这次冰灾压垮了70%的树木，其中包括很多百年古树。另外，很多村民趁机砍伐破坏了部分树木，导致整个森林大面积被毁，面目全非。琴门森林公园建设计划就此终止。

经过10年的发展，如今森林公园的生态和植被已经完全恢复，但是杂木成林，原来通路的地方现在已经走不通。目前有2名护林员[①]，负责维护森林安全，防止乱砍滥伐。由于里面不通车，护林员只能靠走路，绕整个林子走一圈大概需要一天的时间。目前，整个森林公园生态保护良好，无人为破坏现象。如村民确因盖房等需要砍伐树木的，可以向政府申请办理伐木证，需求量小于5立方米可直接向乡林业站申请，如果大于5立方米则需要向林业局申请。

如前文所述，该原始森林公园植被茂盛、物产丰富，且区位优势明显，周边分布着多个旅游景点，具有较大的开发利用价值，在扶贫攻坚和万山区"发展旅游，富民兴业"大背景下，是一处难得的有待开发的优质旅游资源。

（二）自来水覆盖率低、水压不足，村民用水"最后一公里"问题需解决

据林海村支委委员成朝富等人介绍，该村村民饮水有保障，无饮水安全问题。该村有一级水源保护地，也是万山区自来水的水源供应地，但自来水仅惠及该村10%~20%的村民，其中多数为村民自筹资金接入的水管，其余村民或为提灌（约占10%），或使用井水。此外，因

---

① 两名护林员均为贫困户，月薪800元。

自来水压力不够（不能到达二楼或三楼），无法实现冲厕需求。故虽然每家每户都修建了卫生间，但多数村民仍只能使用外面的旱厕。另在调研中还了解到，林海村农田水利设施不够完善，并且存在维护困难状况，如灌溉水渠因年久失修或道路建设而遭受不同程度的破坏，无法满足农田灌溉需求。

五、对策与建议

（一）加强整体规划，重新开发琴门森林公园

林海村距万山重点旅游景区朱砂古镇不远，村内琴门原始森林是一处难得的生态休闲好去处，建议整体规划，系统开发。立足市场需求和现有资源，制定差别化发展策略，突出重点，彰显特色，与朱砂古镇联动发展、优势互补，将其打造成以自然景色为主，集观光游览、个性体验、探险猎奇、科研科考、避暑疗养于一体的综合性生态旅游景区，最终形成以朱砂古镇为中心，九丰农业博览园、夜郎谷、琴门森林公园等多点支撑的"一核多点"全域旅游新格局，让绿水青山成为造福当地村民的金山银山。在该原始森林开发利用过程中，要坚持生态环境保护优先的方针，积极、科学、合理开发利用的原则，确保开发利用程度在环境可承受的范围之内，保障可持续发展。

（二）加强政策、资金、技术等支持，解决村民用水困境

作为万山区一级水源地，林海村大部分村民守着一潭清水却难以享用，建议水务局等相关部门对该问题给予高度重视，查明自来水管道出水口无法接入该村的具体原因，并制订相应的可行性方案；做好

可行性论证，合理规划设计供水工程管线施工最佳路线图。至于资金，建议由上级相关部门给予一定的专项资金扶持，号召和鼓励当地企事业单位积极投入，村民也可自筹一部分。在全部通自来水后，可以在水费中提取一定比例作为供水设施维修基金，以保障可持续发展。对于现在面临的水压不足问题，建议由专业人员现场勘察测量，并进行打水测试，排除供水低压区的可能性。如因最大需水量和最大供水量之间的关系设计不足，则需要更换大管径供水管线，或者加装其他增压装置。另外还要加大农田水利设施建设投入，并通过规划设计，让农田成为美丽乡村的一部分，让田园风光成为吸引游人到林海村享受生态休闲的一个亮点。

参考文献

1. 傅郭鑫：《神农架人类原始生态平台发展的策略思考》，《绿色科技》2018年第15期。

2. 林海村：《林海村情简介》《高楼坪乡林海村2017年脱贫攻坚"秋季攻势"实施产业规划》，2018。

3. 铜仁市万山区转型可持续发展大调研组：林海村座谈会录音资料。

4. 铜仁市万山区转型可持续发展大调研组：林海村第一书记罗正、老矿工后代田茂华、监委主任成应桥、致富带头人吴绍武、监委委员吴成云和异地搬迁户陈洪有访谈录音资料。

古井内清水潺潺，古井外老树遮天。一口圆井，一面浮镜，映山映水映岁月流光，令人遐想。

村里的老人说，每一口井，旁边都长着一棵老树，水是生命之源，树是"金山银山"。古树根骨交错，古屋片瓦垂檐，一下一上，一错一齐，交相呼应。

　　回家，是个永久的话题。那里，还是那一块水田、那一片山崖；那里，依旧有"风簸"，依旧有丝瓜；那里，还有着每日劳作的家人。

高效利用土地资源
保障农民土地权益

——赶场坝村调研报告

2018年10月22~23日，铜仁市万山区转型可持续发展大调研第三小组孙清香、肖连春赴高楼坪乡赶场坝村开展了为期2天的调研。22日上午，调研人员在赶场坝村村主任姚前发和监委委员吴泽明的带领下，实地考察了赶场坝村的樱花基地、万山区九源种养殖农民专业合作社、梅花鹿养殖基地、鱼塘、老宅和古树等。22日下午，调研人员在赶场坝村村委会召开座谈会，了解了该村基本概况、产业发展、脱贫攻坚、社会转型、生态宜居、乡风文明、乡村治理七个方面的基本状况，驻村第一书记杨政简、村党支部书记姚和平、村主任姚前发、支委委员姚利、村委委员姚青松和姚桃英、监委主任姚伦军和委员吴泽明参加座谈会。会后，调研小组先后访谈了脱贫代表肖建军、致富带头人姚应雄和村民组组长艾元合。23日上午，调研人员开展随机入户调查①。

---

① 调查对象：姚江华（男，40岁）、杨木仙（女，70岁）、吴年正（男，46岁）、陈汉华（男，44岁）、姚成（男，34岁）、杨召娣（女，62岁）、杨桃秀（女，71岁）、杨艳群（女，22岁）、姚永江（男，36岁）、邓菊辉（女，48岁）。

23日下午，调研人员分别访谈了村主任姚前发和万山矿产有限责任公司企业家吴泽云。其间，调研人员收集了《高楼坪乡赶场坝村村情简介》《高楼坪侗族乡赶场坝村产业发展规划（2017—2020年）》《赶场坝村迎国检资料》《万山区高楼坪乡赶场坝村2016年驻村工作述职汇报材料（赶场坝村第一书记 杨政简）》《万山区高楼坪乡赶场坝村2017年驻村工作述职汇报材料（赶场坝村第一书记 杨政简）》等资料。目前，赶场坝村脱贫攻坚和"五改一化一维"任务已圆满完成，民生状况有了较大改善，产业体系逐步形成。但发展过程中仍面临一些需要解决的问题，如存在部分耕地闲置浪费现象等，调研组据此提出了针对性建议。

一、基本概况及历史沿革

（一）基本信息

赶场坝村地处高楼坪侗族乡西北部，位于东经109°10′，北纬27°30′，海拔高度700~800米，东邻万山镇，西接林海村大坪组，北至林海村林琴门组，南与新庄村交界，距高楼坪乡政府3.8公里，全村土地面积8平方公里，耕地总面积966亩（其中水田712.96亩、旱地253.04亩），森林总面积10320亩。下辖8个村民小组[①]，共有381户、1244人，民族以侗族为主，侗族人口超过全村人口总数的89%；姚姓为村里的大姓，占人口总数的80%以上。全村外出务工人员有78户、200人，有流动人口208人，60岁以上老人186人，90岁以上老人5人，空巢老人

[①] 8个村民小组分别为：赶场坝组、黄舍田组、长坳组、塘家田组、来阳坪组、学堂坪组、滚子冲组、老屋场组。

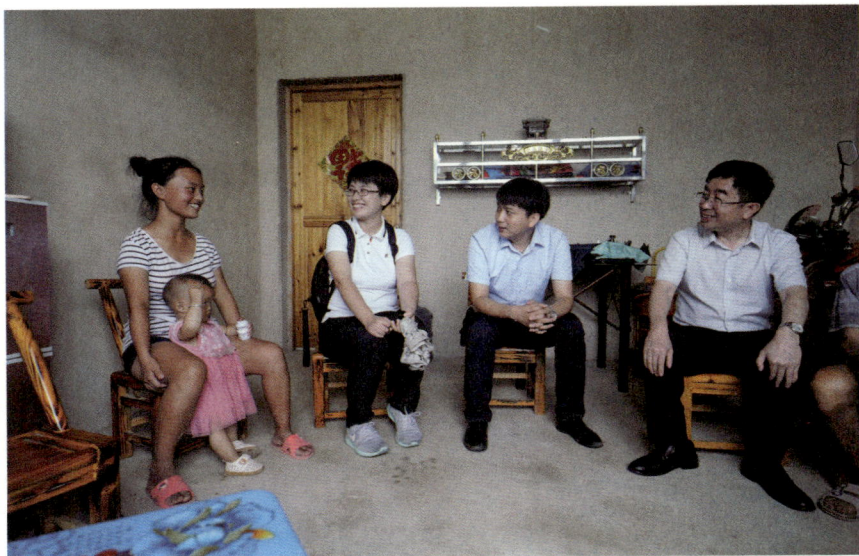

2018年8月15日，连玉明院长一行走访赶场坝村贫困户龙老细。

5户、7人，退休人口120人，留守儿童10人，五保户1户、1人。村里有党员 58 名，以中老年居多，平均年龄超过50岁。

赶场坝村属于三类贫困村，有建档立卡户76户、295 人，其中脱贫户73户、289人，未脱贫户3户、6人（均为因病或因残致贫），贫困发生率由 2014 年建档立卡之初的28.5%下降到2017年的0.48%，2018年7月已脱贫摘帽。全村有低保户64户、96 人，其中建档立卡户26户、39人；残疾户71户、84 人，其中建档立卡户21户、24人；危改户81户、310 人，其中建档立卡户25户、102 人；重病户 2户、2 人，其中建档立卡户1户、1人。

（二）基层组织概况

赶场坝村现任第一书记杨政简，工作单位为万山经开区企业服务中心副主任，驻村任职时间为2015年3月至2017年3月、2017年6月至今。驻村主要工作任务包括：一是宣传政策，招商引资；二是推动脱贫攻坚工作，有效促进村集体经济特别是蛋鸭养殖脱贫攻坚取得实效。驻村工作队常驻队员包括吴霄杰、杨娇娇、黄文娟、吴刚、姚令，任职时间为2018年1月至今。

赶场坝村村支监"三委"班子齐全。村支书姚和平，任职时间为2009年至今。村主任姚前发，任职时间为2017年1月至今。村监委主任姚伦军，任职时间为2017年1月至今。

（三）历史沿革

赶场坝村解放后叫长坳大队，后改名为长坳村，2004年与新庄村合并后改称为赶场坝村，2007年与新庄村拆分为两个独立村，仍叫赶场坝村。

二、基础条件和特色优势

（一）基础设施

赶场坝村8个村民组所有农户都已接通城市自来水，完成了农网全面改造，实现移动、电信、联通信号、4G网络和广电云"户户用"无盲区全覆盖。全村已实现组组通硬化水泥路、连户路硬化率100%，组组通共计约14千米，户户实现100%安全住房。

赶场坝村2014~2018年实施危房改造共81户，发放危房改造补助资金61.92万元，含建档立卡户25户、22.04万元。其中2014年实施15户，2015年实施15户，2016年实施32户，2017年实施18户，2018年实施1户。

另外，2016年易地搬迁1户、3人，2017年搬迁2户、9人，补助资金66万元。

（二）公共服务设施和公共服务水平

赶场坝村有民办幼儿园1所，活动广场3个，建有设施完备、功能齐全的村卫生室1个，拥有1700余平方米的村级综合文化活动中心1个，并着力建设农家书屋、活动舞台、道德讲堂、体育健身室等，积极打造集思想教育、文体活动、休闲娱乐于一体的农村综合文化活动中心，为该村物质文明和精神文明协调发展夯实了基础。

赶场坝村建档立卡扶贫户2017年产生医疗费用、政府代缴合作医疗和大病保险76户，共补偿557482.61元。全村所有建档立卡户均享受四重医疗保障（第一重：新型农村合作医疗基本医疗补偿；第二重：大病保险赔付；第三重：民政医疗救助、计生医疗扶助；第四重：医

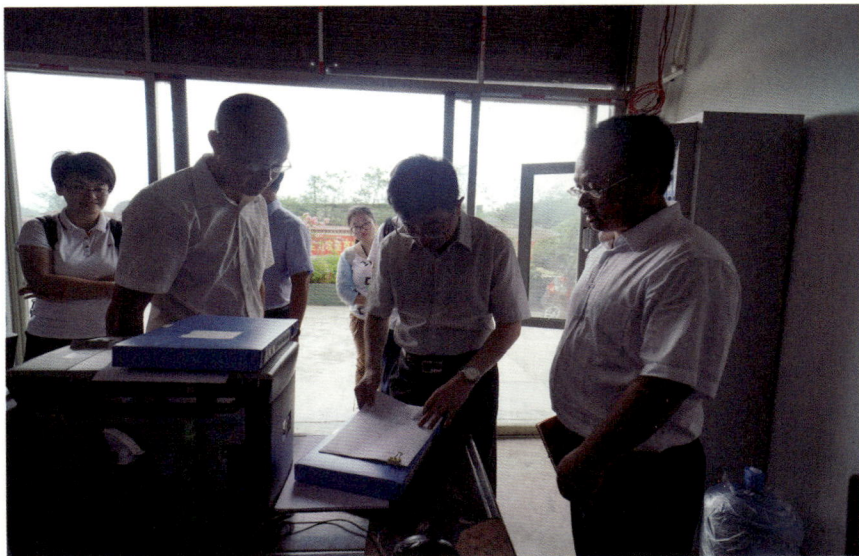

2018年8月15日，连玉明院长在赶场坝村驻村工作办公室查看驻村工作日志。

疗费用兜底及非医疗费用救助保障）。

全村有建档立卡48户、78人享受教育资助共计114280元。其中：学前和小学资助50人、初中资助13人、高中资助6人、中职资助2人、大专以上资助7人。全村6~16周岁适龄儿童无一人因贫失学。

（三）产业发展和集体经济

赶场坝村农业发展以水稻种植为主，同时发展其他特色产业，如标准化大棚蔬菜、樱花种植，生猪、蛋鸭养殖等，目前正在建设梅花鹿养殖基地，计划发展观光休闲旅游。

赶场坝村于2017年5月18日出资1000万元成立了铜仁市万山区九源种养殖农民专业合作社，坚持把培育壮大富民产业、促进持续增收作为脱贫攻坚的重中之重，大力实施"村有主导产业、户有增收项目"工程，着力打造绿色蔬菜、特色养殖、特色种植三大产业链，大力实施"九丰农业＋"村级集体经济大棚蔬菜、"一户一亩菜园"和绿壳蛋鸭养殖业。

赶场坝村共有75户建档立卡扶贫户享受村集体经济和九丰农业分红、产业奖补，其享受资金共计209700元。其中，享受村集体经济分红（标准化大棚蔬菜、蛋鸭养殖、一户一亩菜园）共75户，共计88400元；享受九丰农业分红共30户，共计48000元；享受产业奖补11户，共计73300元。

（四）村寨保护和文化传承

阡陌交通，鸡犬相闻，静谧的木屋、深幽的水井、参天的古树，共同诉说着光阴的故事……这是10月22日调研组实地考察赶场坝村学堂坪组和来阳坪组时所看到的景象。据赶场坝村主任姚前发介绍，这两个组共有80户村民，村民家中保留的古色古香的木屋较多，目前大概有24栋，其中存在安全隐患需要大修的有十几栋。另外，枝繁叶茂的参天古树也是一道独有的风景，目前挂牌的古树有40~50棵，树种以银杏、枫树、朴树、榕树为主。在侗族人聚集的地方，有唱山歌、喝苦酒的习俗。

（五）乡村治理

乡村振兴，里子面子要一起新；不仅要宜居宜业，也要乡风文明。赶场坝村充分发挥群众主体作用，锁定"业兴、家富、人和、村美"四个标准，全域建设美丽幸福新村，打造升级版的新农村。

第一，通过"五改一化一维"惠民工程实施，进一步美化了群众人居环境，提高了群众幸福指数和获得感。截至目前，对300户实施"五改一化一维"工程，投入资金300万元左右。

第二，按照分片包户职责，打响环境卫生整治攻坚战。以村容村貌、公路沿线等为重点，组织各村民组对辖区内路边、渠边及屋前屋后等积存垃圾进行大清扫，不留死角。

第三，制定村规民约，提升村民自治能力。2018年1月，赶场坝村支"两委"发布《村规民约》，从六个方面对乡村发展和治理提出规范要求：一是社会治安，二是村风民俗，三是相邻关系，四是婚姻家庭，五是环境卫生，六是四好建设①。

---

① "四好建设"，即住上好房子、过上好日子、养成好习惯、形成好风气，全面奔小康。

三、创新实践及发展模式

(一)创新构建"1+N"产业发展长效机制

近年来,赶场坝村立足全面转型,以产业化、特色化、标准化为发展方向,以农业增效、农民增收为着眼点,抓好全村产业结构调整,把扶贫与扶志、扶智以及扶产业结合起来,创建探索出"1+N"产业发展长效机制。"1"表示1个长期产业项目,就是发展绿色蔬菜大棚;"N"表示两个或以上产业项目,包括绿壳蛋鸭养殖、"一户一亩菜园"和入股九丰农业,打造特色村域经济,实施"九丰农业+"发展模式。目前,全村建设集体经济大棚基地1个,"一户一亩菜园"基地1个,蛋鸭养殖项目1个。另外,梅花鹿养殖基地建设即将完工。如今,赶场坝村已经基本建立起集特色种植养殖、休闲垂钓于一体的综合旅游观光

2018年8月15日,连玉明院长入户察看贫困户"四卡合一"公示牌。

村级集体经济项目。

2017年6月，赶场坝村在学堂坪组桑树坪启动实施了村集体经济项目，该项目共流转土地110余亩，建设以大棚蔬菜为主，特色经果林、特色养殖和第三产业为辅，集采摘、观光、休闲、娱乐于一体的农旅一体化产业基地。项目覆盖全村建档立卡贫困人口31户，按照"622"模式分红，即贫困户占60%（贫困户分红），集体占20%（主要用于发展壮大村集体经济），余下20%为管理经费（主要用于技术、管理人员的工资等）。

"一户一亩菜园"项目发动精准扶贫户在冬季闲置的土地上统一种植经济作物（2017年冬种植32亩大蒜），按一户一亩的规模，开创性地探索"村集体＋合作社＋结对帮扶责任人＋贫困户"的运营管理模式，充分保障流转土地农民的利益，利益联结机制覆盖该村所有建档立卡户，让贫困户在家门口实现增收。同时，鼓励建档立卡贫困户以现金、土地入股等多种方式参与、支持村集体产业发展，带动建档立卡贫困户就近就业，起到了很好的辐射示范作用。

（二）以村级综合文化活动中心为载体推动精神文明建设

赶场坝村注重发挥文化对经济社会发展的引领作用，成立了以村支书姚和平为组长、村主任姚前发为副组长、三名村支委员为成员的村文化工作领导小组，积极推动文化建设。

2017年，赶场坝村建成一个1700余平方米的村级综合文化活动中心并投入使用。其中，文化综合活动室总建筑面积322平方米，硬化院落1100平方米，建有一个简易戏台、一个宣传栏，总投资15万元。在硬件设施完善的同时，积极开展各种文化宣传活动，推动精神文明建设。一是打造集道德讲堂、科技培训、图书借阅、群众文化活动于一体的文化综合活动室，一室多用，借科技培训、书画培训等时机，向群众全方位开展政策法规、精神文明等宣传教育，取得了良好的效果。二是搞好群众服务，在区图书馆的大力支持下，实施了农家书屋工程，共配套各类图书2500余册。另外，区文化馆配送的10余种30多件乐器，为村里文艺活动爱好者提供了展示才艺的条件，在乡党委、政府的支持下，村里成立了锣鼓队和秧歌队，利用农闲时间开展文体活动，群众的文体活动热情异常高涨，走出一条"乡党委政府牵头、文化中心承办、相关单位参与、与民同乐"的文化活动新路子。三是健全制度，明确了综合文化服务中心的具体职能和工作人员的岗位职责。

该村综合文化服务中心主要有八项职能：一是对广大群众进行时政宣传和政策法制教育；二是组织开展丰富多彩的文体娱乐活动，组织电影、电视、录像放映活动；三是利用全国文化信息资源共享工程，举办各类文化艺术培训班、科普讲座、农技知识讲座等，辅导和培训文艺骨干；四是开办图书报刊室，组织群众开展读书、读报活动；五是搜集、整理民族民间文化艺术遗产，促进乡村特色文化的发展；六是指导和辅导村文化室、俱乐部和农民文化户开展各种业务活动；七是做好文物的宣传保护工作；八是受上级文化主管部门委托协助管理辖区内文化市场。中心工作人员的岗位职责包括：一是在文化主管部门的领导下做好文化业务工作；二是具体负责文化站日常开放运行工作，做好接待群众、设备调试维护、图书登记管理、环境卫生、值班安全等日常事务；三是积极开展群众性文化活动，抓好活动组织工作；四是具体指导和督促各村、居开展文化活动；五是负责监督辖区内的文化市场，配合做好文物和非物质文化遗产普查、保护工作；六是完成区乡党委、政府交办的其他工作。

四、突出问题及原因

（一）部分农地闲置荒芜

赶场坝村农业发展以种植水稻为主，春种秋收，一年一季。水稻收割后，农田基本处于荒芜闲置状态。同时，散户耕种过程中受个人因素影响较大，无法实现规模化、机械化耕作。另据了解，赶场坝全村外出务工的有78户、200余人，就近就业的人员较多，其中在铜仁市万山区东奇电气有限公司、贵州万仁汽车集团有限公司、万山区朱砂

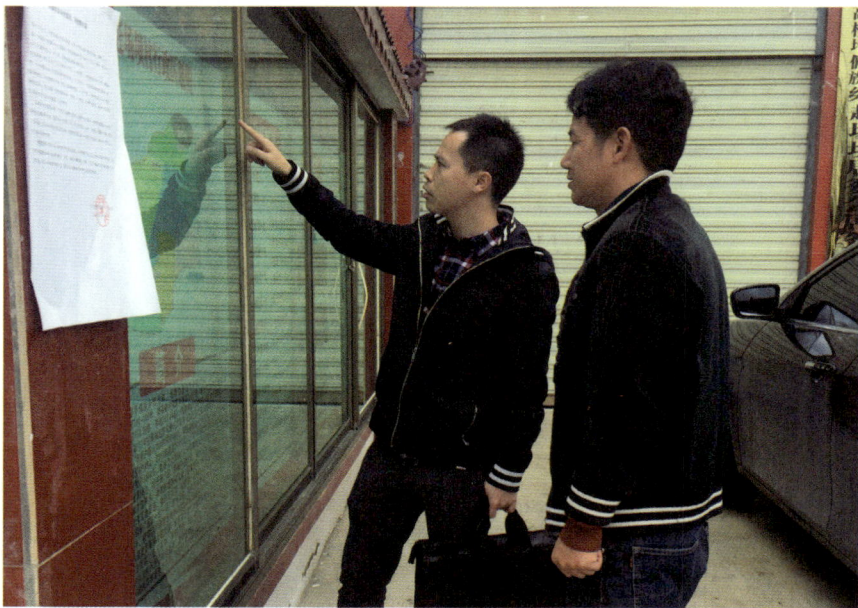

2018年10月23日，调研三组与赶场坝村村主任姚前发交流村情。

工艺产业园就业的村民共计60余人，边务工边种田，不同程度地存在粮田无人打理或者疏于管理的现象，土地利用率较低。在访谈赶场坝村脱贫代表肖建军时了解到，其在帮扶人的介绍下，来到万山朱砂工艺产业园当保安，每个月工作时间合计为15天，基本就是干一天歇一天，休息的时候他会打理自家的菜园和农田。为了方便两个孩子上学，他们一家于2018年上半年通过易地扶贫搬迁到谢桥新区，对于家里的农田，他表示会定期回来打理。而据了解，像肖建军这样两地奔波的人不在少数。

另外，部分农民存在不愿将土地流转的情形。一些农户既不愿意耕种土地，又不愿意放弃承包权，或者宁愿闲置撂荒，也不愿意长期租赁，这种观念阻碍了土地流转的进程。调研中了解到，土地流转权益的保障是村民顾虑重重的重要原因之一。

（二）村干部薪资待遇低

实现乡村振兴，村干部是关键。村干部处于乡村治理体系的最基层，他们的工作态度和积极性直接影响到农村各项工作的开展。据赶场坝村干部反映，他们日常工作量大、时间长，但薪资待遇比较低[①]，而且发放不及时，养家糊口压力较大。调研中了解到，目前万山区社区干部工资普遍在每月3000元以上，村干部与社区干部相比每月至少相差1000元。

---

① 以基层村支"两委"一把手为例，每月工资为2100元，每月扣除600元作为绩效工资在年底统一发放，实际每月收入为1500元。

2018年10月22日，调研三组走访赶场坝村脱贫户杨木仙。

五、对策与建议

（一）规范土地流转，发展农业保险，保障农民权益

为避免土地闲置浪费，提高土地利用效率和效益，鼓励村民将闲置荒芜的土地流转。建议政府部门加快完善土地流转办法等法规制度，有效制订促进农村土地流转的可行方案，规范化管理各种流转方式，进一步明晰交易双方权利和义务，保证土地流转的规范性和有效性，通过法制保障农民土地流转的权益，让农民放心流转、经营者安心利用流转土地发展规模化现代农业。同时，探索搭建土地流转平台，例如建立村级土地流转服务站或乡级土地流转服务中心，专门负责收集发布土地流转供求信息，做好信息沟通和服务保障工

作。还可积极探索政策性农业保险，政府主导、土地经营者和农民按比例出资，以保险的形式为农民兜底，让土地流转双方更加大胆地探索各种经营方式。

（二）完善保障激励机制，让村干部有干头、有奔头

一是进一步明确村干部工作职责，科学调配工作任务量，科学设置考核指标，健全考核机制；同时，推行"两委"交叉任职，进一步精减干部职数，在此基础上提高干部工资待遇，并确保工资足额及时发放，充分合理调动村干部工作的积极性。二是上级政府要将资源向基层村社倾斜，多方统筹协调，支持村集体立足本村优势，深入挖掘潜力，发展壮大村级集体经济，增加集体经济收入；同时，将村集体经济发展情况与村干部工作绩效挂钩，取得成绩的，给予村干部补充奖励。三是完善村干部养老和退休保障机制，为长期任职的村干部办理养老保险，使其老有所养、老有所依，解除生存发展的后顾之忧。

参考文献

1. 薛瑞汉：《提高政府公信力的四个着力点》，《河南日报》2011年9月14日。

2. 高楼坪乡：《高楼坪乡赶场坝村村情简介》《高楼坪侗族乡赶场坝村产业发展规划（2017—2020）》《赶场坝村迎国检资料》《万山区高楼坪乡赶场坝村2016年驻村工作述职汇报材料（赶场坝村第一书记 杨政简）》《万山区高楼坪乡赶场坝村2017年驻村工作述职汇报材料（赶场坝村第一书记 杨政简）》。

3. 铜仁市万山区转型可持续发展大调研组：赶场坝村座谈会录音资料，2018。

4. 铜仁市万山区转型可持续发展大调研组：脱贫代表肖建军、致富带头人姚应雄和村民组组长艾元合、村主任姚前发和万山矿产有限责任公司企业家吴泽云访谈录音资料。

古色古香古木房，寒风冷雨玻璃挡。稻谷玉米金黄黄，粮食粮草堆满仓。

走过阁楼，转过山角，穿过丝丝缕缕的"藤屏"，是瓜果飘香的九丰农业博览园。产业兴，居民安，大棚蔬果香，游子把家还。

滨河九曲入村居，广场娱乐老少齐。茶余饭后活筋骨，白鹅悠闲把歌唱。

以"五化"改革为抓手
打好"组合拳"

——大树林村调研报告

    2018年10月24日,铜仁市万山区转型可持续发展大调研第三小组石龙学、张国华、孙清香、肖连春、韦佳、汪治国赴高楼坪乡大树林村开展了为期1天的调研。当天上午,调研组一行在大树林村驻村干部杨国斌、党支部书记张美明、万山维祥种养殖农民专业合作社负责人杨敏等人的陪同下,考察参观了大树林村现代化蔬菜大棚、滨河公园—大树林段和九丰农业博览园等地,了解了大树林村村容村貌、道路硬化、集体经济等情况。随后,调研组在大树林村村委会二楼召开调研座谈会,与大树林村驻村干部杨国斌、村"三委"(党支部、村委会、村务监督委员会)全体成员、万山维祥种养殖农民专业合作社负责人杨敏和技术员郭志群等11人进行了深入交谈,全面了解了大树林村集体经济和扶贫攻坚情况。下午,调研组就扶贫扶智工作、大树林村经济社会发展情况、蔬菜大棚经营管理等情况分别对驻村干部杨国斌、村主任杨秀财、合作社负责人杨敏、脱贫代表刘小红、贫困户肖运平进行了访谈。调研中,收集了大树林村情简介、脱贫工作汇报资料、建档立卡统计表、历年驻村帮扶工作报告和驻村述职报告、总结等电子材料13份，以及《大树林村定点脱贫攻坚项目发展规划（2016—2017年）》（送审稿）纸质材料1份。整体来看，自2015年以来，大树林村逐步打开发展思路，走出了农旅结合的发展路子，是万山区旅游业发展新星和农业发展龙头，村民生活水平大幅提高，但也面临着旅游人气不足和蔬菜大棚发展资金短缺的问题。

一、基本概况及历史沿革

（一）基本信息

大树林村地处高楼坪乡西南部，距乡政府约1.5公里，距铜仁市区30公里，南接夜郎村，北邻新庄村，东靠高楼坪村，西邻玉屏县，总

2018年8月15日，连玉明院长与高楼坪乡副乡长杨磊交流。

面积3.5平方公里，全村地势平坦，森林覆盖率约40%，是休闲避暑的理想之地。全村有耕地总610亩（其中水田480亩、旱地130亩），辖4个村民小组——黄家组、新屋组、杨家组和张家山，共有260户、813人，中共党员42人，60岁以上老人110人，主要民族是侗、汉、苗族，侗族占比约85%，杨、张、黄三大姓氏人口分别占比约40%、25%、25%。全村有低保户43户、85人（其中建档立卡户17户、32人），五保户1户、1人，残疾户29户、32人（其中建档立卡户9户、9人，一、二级残疾10户、10人）。另外，大树林村有贫困户32户、127人（2014年脱贫3户、12人，2015年脱贫6户、22人，2016年脱贫6户、21人，2017年脱贫15户、65人），截至2017年末，有建档立卡未脱贫人口2户、7人，贫困发生率为0.86%。2018年9月，大树林村实现脱贫摘帽。目前，大树林村正在推进村改居工作。

（二）基层组织概况

目前，大树林村有驻村干部1人，是万山区工商联干部杨国斌，驻村已近5年。村"三委"（党支部、村委会、村务监督委员会）共8人，分别为党支部书记张美明、党支部副书记兼村主任杨秀财、监委主任杨维，以及支委委员陈天见、村委委员杨刚和陆白菊、监委委员罗安云和张绪岩。

（三）历史沿革

大树林村的由来，与村内一片枫树林相关。据村主任杨秀财介绍，村内曾有枫香树成百上千棵，枝繁叶茂，相拥而立，成林若森。后来，枫树林日益缩小，仅剩下为数不多的几十棵，但依然成林。2009年，原张家山村与高楼坪村合并，取枫树林之意，统称大树林村。2011年，两村"分手"，大树林村村名从此保留下来，辖区面积保持原张家山村区域不变。

二、基础条件和特色优势

（一）基础设施

大树林村交通便利，万田公路穿境而过，通组路、入户路全部实施了硬化；全村260户全部通水、通电；通信、网络、路灯等实现全覆盖。另外，2016年，大树林村实施了立面改造工程，全村房屋整体面目一新。

在环境卫生方面，2017年大树林村建成滨河公园，村内道路沿线全部绿化，群众生活环境得到质的改变；村里生活垃圾实现集中收集处置，杨家组、黄家组生活污水实现集中处理。全村村容村貌整洁干净，群众安居乐业，是名副其实的"美丽乡村"。下一步，大树林村将着手申请治理滨河公园河道，保证"绿水青山源远流长，金山银山不断"，最终形成"全村是美景、组组似花园、家家很整洁、人人爱干净"的局面。

（二）公共服务设施和公共服务水平

教育方面，因距离乡政府较近，大树林村未建小学和幼儿园，村内适龄儿童均是到乡里小学、幼儿园就读。全村建档立卡在校学生23人，享受教育资助22人（其中学前和小学资助12人、初中资助4人、高中资助3人、中职资助1人、大专以上资助2人），无一人因贫失学。医疗方面，全村新农合参保813人，参保率达100%。政府代缴合作医疗保险32户、127人，全村所有建档立卡贫困户均享受四重医疗保障（第一重：新型农村合作医疗基本医疗补偿；第二重：大病保险赔付；第三重：民政医疗救助、计生医疗扶助；第四重：医疗费用兜底及非医疗费用救助保障），且所有建档立卡户2017年医疗费用兜底报销率达90%以上。住房保障方面，2014~2018年大树林村实施危房改造52户，实施"五改一化一维"62户（改厨35户、改水25户、改厕31户、改圈8户、改电3户、道路硬化15户、房屋维修24户），另有5户实施易地扶贫搬迁。

此外，大树林村还实施了"六个一"工程（一个生态小公园、一个文体活动小广场、一套体育健身设施、一个农家书屋、一个文化活动室、一个卫生计生综合室），为群众娱乐、聚会、"摆龙门阵"和看病就医提供了便利。目前，村内共有文体娱乐广场4个，4个村民组各1个。

（三）乡村特色

大树林村是万山区旅游业发展新星和农业发展龙头，是九丰农业博览园所在地，村内滨河公园顺河布景，旅游业发展迅速。凭借九丰农业博览园、江南水乡·滨河公园、七彩村庄、农家别墅等美丽景色和良好的乡风文明环境，大树林村获得了2017年贵州省"最美丽村庄"荣誉称号。此外，还被铜仁市政府定为"民族进步示范园区"，被铜仁市农委、铜仁市旅发委确定为"铜仁市第二批休闲农业与乡村旅游示范点"。

（四）产业发展

大树林村内有企业6家，包括1家农业综合体（九丰农业综合体有限公司）、3家铁合金厂（万山区恒兴铁合金有限公司、贵州斯普铁合金有限责任公司、万山区金盛铁合金有限公司）、1家橡胶厂（万山区再生橡胶有限责任公司）和1家锰粉厂（万山区凯山锰粉加工厂）。其中，"九丰农业"于2015年开始进驻大树林村，共流转村集体土地300余亩，占全村耕地的一半。由该公司建设的九丰农业博览园，涵盖智能观光大棚、海洋馆、花卉科普馆、昆虫馆、海狮馆、生态小木屋，年接待游客30多万人次。观光农业带动大树林村个体经营日益多样化，农家乐、小吃店、个体工商户快速发展。其中，农家乐发展最为突出，村内已有12家，每家年利润在10万元以上。

大树林村的集体经济，主要是大棚蔬菜种植。大棚所用土地由村

2018年8月15日，连玉明院长一行考察大树林村新丰农业蔬菜大棚。

委会从农户手里流转过来，再租给专业合作社经营（万山维祥种养殖农民专业合作社），由其管理运营。用工方面，优先雇用本村劳动力，特别是贫困户。分红模式是"622模式"，即贫困户占60%、村集体占20%、大棚运营占20%。据万山维祥种养殖农民专业合作社负责人杨敏介绍，2017年12月，村集体蔬菜大棚首次分红，每户3000元；2018年分红金额预计在5000元左右。

因土地有限，在铁合金厂和九丰农业入驻后，大树林村村民的谋生手段由务农转变成务工。除了九丰农业，村民还在村集体蔬菜大棚、铁合金厂、打火机厂（贵州省铜仁市万山区东奇电气有限公司）、新能源汽车厂（贵州万仁汽车集团有限公司）工作。其中，蔬菜大棚提供的薪资与九丰农业提供的基本一致，约80元／天，两者合计实现就业约60人，以女性为主；铁合金厂实现村民稳定就业约15人，工资约3500元／月，临时就业20多人，约150元／天，共计实现就业40余人，以男性为主；打火机厂实现就业约10人，工资约3000元／月；新能源汽车厂实现就业15人，待遇约3000元／月。因为能就近就业，村里几乎没有外出打工者。

三、创新实践及发展模式

大树林村的探索实践，一是农业转型"三化"，二是旅游带动"体系化"，三是村集体大棚管理专业化。

（一）农业转型"三化"

大树林村耕地匮乏，人均耕地不足一亩，农业发展基础薄弱。在九丰农业的带动下，大树林村走上了农业转型之路，即向土地集约化、种植专业化和农业观光化发展。具体来说，土地集约化，就是通过土地流转建设大棚，在为数不多的土地上，种出高产量、高价值的农产品，突出亩均收益。种植专业化，就是将村集体蔬菜大棚委托给第三方，即村内的合作社——万山维祥种养殖农民专业合作社管理，由其自负盈亏，以期实现效益最大化。农业观光化，就是将大棚种植打造成旅游观光的好去处，其典型就是九丰农业博览园。

（二）旅游带动"体系化"

所谓体系化，是指大树林村在旅游业的带动下，村容村貌、就业、村民生活等发生了系统性的转变。比如，在九丰农业博览园和滨河公园建设的引领下，村内道路绿化实现了全覆盖，生活污水实现了集中处理，文化娱乐设施不断完善，村民就业方式不断扩展，加上正在打造的"七彩村庄"和农家别墅，大树林村村居品质焕然一新。如今，这里更似"童话小镇"，更符合"最美丽村庄"的称号。

（三）村集体大棚管理专业化

大树林村通过协调，将建好的村集体大棚的管理运营全权交付给万山维祥种养殖农民专业合作社。该合作社由五名村民组建，既符合带动村民致富的原则，也符合"专门事、专人干"的原则。据合作社负责人杨敏介绍，合作社接手蔬菜大棚，自负盈亏，不再是"干好干坏都一样"。合作社以月薪1万元聘请了大棚种植技术专家，保证了蔬菜种植的科学性。2018年，蔬菜产量有明显提高，预计全年收益也会增加。

四、突出问题及原因

调研中发现，大树林村的发展情况整体较好，但也面临着一些困难，主要是两个方面，一是旅游人气不足，二是蔬菜大棚建设运营资金短缺。

（一）旅游人气不足

驻村干部杨国斌反映，大树林村旅游业的发展仍存在人气不足的问题，特别是冬季。究其原因在于九丰农业博览园处于运营初期，滨河公园也未完全建成，包括海洋馆在内的诸多景点仍缺乏宣传，导致大树林—滨河公园—九丰农业"深藏闺中人未识"，人气不足。

（二）蔬菜大棚建设运营资金短缺

综合起来，一是面临蔬菜市场价格波动的风险，急需资金建设一个冷库；二是合作社希望扩大蔬菜大棚规模、延长产业链，但缺乏资金支持；三是人工短缺，解决该问题需要提高工人薪水、补贴交通费用。

具体来看，蔬菜市场价格波动的风险，主要是同类蔬菜大量上市，价格受到冲击。调研组从杨敏处得知，合作社也曾想"错峰种植、或早或晚"，但由于万山冬季阳光不足，即使提高大棚的室内温度，蔬菜的反季节生长效果也不明显，解决之道，需投入大量资金修建一个冷库，对蔬菜进行保存。另外，合作社欲扩大规模，同时延长产业链，上游参与育苗、基质土的培植，下游参与农产品包装物的生产批发，但存在资金短缺的问题。此外，人工短缺，是因为工人薪资水平较低，愿意从事的仅为中老年人和妇女，但村内这两类人的数量有限，需从其他村庄引进，而这需要提高工人薪资待遇，并补贴交通费用。

另外在调研中了解到，其他村的蔬菜大棚并不像大树林村一样由专业合作社经营管理，而是由政府直接管理运营，缺乏专业性和积极性。

五、对策与建议

（一）各级政府协同发力，以"组合拳"提升旅游人气

建议铜仁市和万山区两级政府立足全国、放眼贵州、统筹铜仁和万山旅游资源，将九丰农业、滨河公园与梵净山、朱砂古镇等著名景点打包宣传，提高知名度，形成铜仁名片、万山名片。具体操作上，一是加强媒体宣传。例如，可申请参加大型城市文化旅游品牌竞演节

2018年10月24日，调研三组实地考察大树林村滨河公园。

目《魅力中国城》，通过城市间的对比、竞争，提升万山旅游的知名度，同时也可发现自身不足，补齐短板。二是举行旅游推介会，到发达地区，诸如北京、上海、杭州、广州等城市推介铜仁旅游、万山旅游。三是争取全国休闲农业和乡村旅游大会、世界乡村旅游大会在万山召开，既可促进会展业发展，也可提升万山旅游的知名度。四是建立旅游兄弟县（区）联系制度。比如，万山区可与江口县建立旅游兄弟县关系，万山人到江口县所有景区旅游，可免高速公路过路费并给予门票折扣优惠（最好免票）；同理，江口人到万山区旅游也享受同等待遇。当然，兄弟县不应止于贵州，可与全国各地建立联系。

从高楼坪乡和大树林村的角度，可采取两方面措施，来提高旅游服务水平，增加客流量。一是完善大树林村的旅游基础设施建设和制度建设。如垃圾桶投建、休闲跑道建设、河道治理，以及旅游事故应急处理预案、枫树林专人专管制度、河道管理制度建设等。二是立足万山、放眼相邻乡镇和村庄，协调做好九丰农业的工作，对万山人来大树林村旅游给予优惠，比如景点免票或折扣、农家乐折扣、酒店折扣等。

（二）政府主导、多方协作，拓宽融资渠道

针对蔬菜大棚发展资金短缺问题，建议从三方面着手解决。其一，建立和完善政策性农业保险制度，开发"扶贫特惠保"等特色农业保险。由政府补贴一定比例的保费，敦促各蔬菜大棚的所在村集体或合作社向农业保险公司缴纳保费，作为兜底政策，确保全乡蔬菜大棚不因意外灾害发生大面积亏损。其二，由政府、村集体和合作社三方协调确定出资比例，建设冷库。其三，针对合作社扩大再生产和延长产

业链缺乏资金的问题，政府可设立专项基金，服务于全区蔬菜大棚发展，合作社在拟定成熟的商业计划书之后，向政府申请资金支持。

（三）推行"三制"，让大棚蔬菜走市场化高效运营之路

根据大树林村的发展经验，建议各乡村大棚运营管理推行"三制"，以提高市场化、专业化水平，提高运营效率和效益。

其一，实行承包制。蔬菜大棚建成之后，应改变现有的运管模式，公开招募经营管理团队，可以是合作社，也可以是企业，将大棚的经营权和部分管理权下放，让其自负盈亏。与此同时，承担经营管理的团队需要以合适的资金入股大棚基地，用工优先招募本地村民特别是贫困户，并支付所有的土地流转资金，作为承租的费用。通过此举，调动运管人员积极性，解决"干好干坏都一样"的问题。

其二，建立棚长制。区级可成立蔬菜大棚建设管理领导小组，由分管领导担任组长即区级棚长，各乡（镇）相应设立乡级棚长，有蔬菜基地的村设立村级棚长。村级棚长作为本村蔬菜大棚运管团队的直接联系人，向下传导政策，向上反映发展情况和遇到的问题；乡级棚长应每月召开全乡棚长会议，并邀请蔬菜大棚运管团队代表出席，面对面解决问题；区级棚长每季度召集乡级棚长和典型代表（包括村级棚长和运管团队）召开调度会，总结经验、汇总问题，为政府出台支持政策提供依据。

其三，实行淘汰制。一方面，对各级棚长开展考核评估，考核应重点听取村民意见，对优秀者给予资金奖励和政策倾斜，对不履行职责、违纪违规的棚长应予以问责，对存在重大过失的村级棚长进行淘汰；另一方面，对蔬菜大棚运管团队及其经营状况进行考核评估，对

优秀者在扶持政策特别是资金上给予倾斜，对经营效益差的团队应实行淘汰制，取消其经营权，另择好的团队。

参考文献

1. 郑小娟、黄隆高：《万山大树林村荣获全省"最美丽村庄"称号》，2018。

2. 大树林村：《大树林村情简介》《大树林村建档立卡统计表》，2018。

3. 杨国斌：《2017年大树林驻村帮扶工作报告》，2018。

4. 大树林村：《大树林村脱贫工作汇报资料》，2018。

5. 大树林村：《大树林村"四在农家·美丽乡村"市级新农村建设示范点项目申报书》，2018。

乡愁高楼坪

门前那片土地，是游子心中最深沉的情长。多少次跟着父母，赶着黄昏迎着朝阳，翻泥土，扶犁耙，播下种子，种下希望。告别了油菜的香气，又迎来醉人的稻花香，一年四季十里飘香……

歇山屋顶，飞檐斗拱，展神威英武，凝刘氏众志，传家国情怀。
一砖一瓦，一床一榻，沧桑几易，寄赤子丹心。

青砖铺就生活的坦途，身姿舞动幸福的向往，不忘的是抛洒热血的头颅。

统筹开发与保护
补齐乡村发展短板

——高楼坪村调研报告

2018年10月19~20日，铜仁市万山区转型可持续发展大调研第四小组张涛、赵灵灵赴高楼坪村开展了为期2天的调研。调研组与村"三委"和驻村队伍召开了1场座谈会；重点访谈了驻村干部李兴文、致富带头人梁成兵、脱贫代表刘祖礼、退休教师刘南章等4人；随机走访了老院子组、白果树组、街上组、笔家湾组、贾溪垅组的村民，涉及贫困户、普通农户、初中生、搬迁户、米粉店老板等各种类型人员，察看了滨河公园、堰上组竹编文化、贾溪垅组红色文化、水上大棚、徐家组蔬菜大棚、老院子组的幸福院、刘家祠堂等。

通过调研发现，高楼坪村属于城郊融合类村庄，生产、生活、生态、文化等发展基础较好，但在文化保护、民生改善、产业资金保障方面还存在一些问题，建议高楼坪村在推动产业深度融合、保障和改善民生、健全完善支农资金配套等方面进一步改进提升，探索形成具有本地文化特色的乡村振兴道路。

一、基本概况及历史沿革

据高楼坪村支部书记刘福章介绍，"高楼坪"三字的由来有多种不同的说法：一是地势之说，高楼坪区域地势平缓，而周围都是高山峡谷，地势险峻，素有高楼平地起之说。二是高楼炼丹之说，在秦汉时期有人在此采朱砂炼长生不老丹，由炼丹高炉（楼）而得名。三是解放前英国人在此开采朱砂，修建高楼之说。

（一）基本信息

高楼坪村地处万山区南部30公里，属高楼坪侗族乡政府所在地，地域面积6平方公里，辖街上组、白果树组、徐家组、岩屋组、贾溪垅

2018年8月15日，连玉明院长察看高楼坪村刘氏祠堂的清代石碑。

组、堰上组、笔家湾组、老院子一组、老院子二组共9个村民小组，有365户、1097人。高楼坪村以刘姓为主，多数为侗族。全村有劳动力外出务工的86户。全村有党员42人，村干部7人，国家干部39人，涉军人员5人，致富能人6人。现有耕地面积460亩（水田250亩，旱地210亩），人均耕地面积0.42亩。

该村属于非贫困村，有贫困户47户、167人，2017年末已脱贫44户、152人，建档立卡未脱贫3户、15人，贫困发生率为1.37%。全村低保户61户、96人（其中建档立卡户20户、33人）；无五保户；残疾户45户、50人（其中建档立卡户8户、9人，一、二级残疾14户、14人）；危房改造户50户、156人（其中建档立卡户10户、30人）；重病户2户、2人（其中建档立卡户1户、1人）。

（二）基层组织概况

该村驻村工作队有2人，驻村干部李兴文和驻村干部助理尹辉民。现任村支书、村主任、村监委主任分别是刘福章、刘祖清和刘祖炮。刘福章1995年退伍回村，2001年开始担任村支书。

（三）乡村特色

高楼坪村是一片丘陵之地，地势平缓、气候宜人、植被茂盛、山清水秀、物产丰饶，具有得天独厚的自然资源。滨河公园穿境而过，在境内长达3.5公里，其中一条从青年湖畅流而下的小河一直流向湖南舞阳河，水源充足，生态环境极佳。除具有丰富的生态资源，高楼坪还有诸多历史文化资源。

1. 红军井

红军井位于贾溪垅村民组，自建成以来已经80余年。1934年，贺龙、关向应等老一辈无产阶级革命家在铜仁创立了黔东革命根据地，是红军长征前全国八大红色根据地之一。同年8月，贺龙率领的红三军战士在高楼坪村一带短暂修整时，正遇秋旱无雨，水井枯竭，饮水缺乏，红军战士找水源，掘井扩深，涌泉滚滚，造福百姓。所挖深井，后被称为"红军井"。

2. 万山竹编技艺

万山竹编技艺流传于高楼坪侗族乡的高楼坪村堰上村民组、鸡公田村伍家田村民组，分布于敖寨大坪村、上大坪村等地。万山竹编技艺以竹编花背篓技艺为代表，包括花背篓、箩筐、烘笼、晒席、鸡笼、簸箕、筛子、野鸡笼、野鸡罩、笆篓、筷笼等几十种竹编工艺，竹编造型美观，图案简洁，线条流畅，形式多样，均为生产、生活用品，实用性强。万山竹编技艺的渊源无典籍可稽，据堰上村民组冯氏家族老人和伍家田村民组张氏家族老人回忆，冯、张二姓祖先最早从清朝初期由外地迁徙至万山，沿袭并继承祖传的竹编手艺，而且还根据万山竹子的质地特点和万山生产、生活环境的实际需要，吸取了大量外地和其他民族竹编技艺手法，形成了具有鲜明地域特色和民族特点的万山竹编技艺。

3. 刘氏祠堂

高楼坪刘氏祠堂位于老院子组，是万山区最为重要的祠堂建筑之一，始建于明末清初，有几百年历史。刘氏祠堂是黔东地区家祠建筑艺术的代表作。刘氏祠堂采用中轴线东西对称布局、多进深的建筑手法，令人有庄重大气之感。宗祠为二进院落，中轴对称，坐东向西，总平面呈"亚"字形，占地面积1120平方米，建筑面积834平方米。刘氏祠堂的木雕艺术独树一帜，形成独特的艺术风格，均以龙凤吉祥、历史戏文、山水花鸟、优美境地等画面为立意构图，采用浮雕、镂空雕和线刻相结合的技术手法，刻工精细，形象生动。刘氏祠堂内保存的《是用孝享》和《克绳祖武贻厥孙谋》碑，分别记述了高楼坪刘氏家族迁徙来高楼坪的历史和修建本族的宗祠事，为研究中国宗谱史提供了重要的实物资料。

二、基础条件与特色优势

（一）基础设施

高楼坪村北距朱砂古镇5公里，南距九丰农业1.5公里，一条万玉县道穿境而过，连接朱砂古镇和九丰农业。境内有6条乡级公路连通全乡各村，9个村民组干道、连户路通到农户家门口，已全部硬化。有1号干道和4号干道通向外界，距已建好的朱砂古镇高铁站5公里，交通通达便利。全村365户全部通水、通电。多彩贵州"广电云"户户用[①]安装工程全覆盖。电网及通信网络覆盖率达100%。

（二）公共服务

高楼坪村环境卫生、社会治安、养老、医疗、教育等民生保障工作较为完善。每个村民小组设有1名环卫人员，1支由村里年轻人组成

---

① 多彩贵州"广电云"户户用工程,是2017年省政府工作报告明确的重点任务和"十件民生实事"之一,是一项文化扶贫惠民工程。

2018年8月15日，连玉明院长走访高楼坪村幸福互助院。

的治安巡逻队。村里建立了1个老人互助幸福院和1个留守儿童之家，设立了家庭服务中心和村级图书馆。

教育医疗保障方面，2017年末，全村建档立卡在校学生42人。享受教育资助42人（其中，学前和小学资助17人、初中资助7人、高中资助10人、中职资助2人、大专以上资助6人），全村6~16周岁村民无一人因贫失学；政府代缴合作医疗保险47户、166人，全村所有建档立卡贫困户均享受四重医疗保障（第一重：新型农村合作医疗基本医疗补偿；第二重：大病保险赔付；第三重：民政医疗救助、计生医疗扶助；第四重：医疗费用兜底及非医疗费用救助保障）。

文体设施方面，有1个标准化农家书屋，可借阅的图书有1000册，报纸有7种，期刊有12种，电子音像制品100多张，到农家书屋借阅的人数占农村人口的18%。有1个塑胶篮球场、1个标准化农民文化家园，村村通广播设备1套，配套音响设备1套，1支业余歌舞文艺工作队，配备了村级体育健身器材。

（三）产业发展

高楼坪村依托特色产业发展集体经济，发展水产养殖、黄桃种植、蔬菜大棚、中华蜂养殖等特色种养业，建有四个标准蔬菜大棚（白果树、徐家、堰上、贾溪垅）200余亩。现有红色生态种养殖农民专业合作社、士隆专业合作社和老山口种养殖专业合作社中华蜂养殖项目三个集体经济。其中，士隆专业合作社"一户一亩菜园"项目，由九丰

2018年8月15日，连玉明院长一行实地考察高楼坪乡滨河公园。

农业提供选种育苗、日常管护等技术指导，目前已投产。红色生态种养殖农民专业合作社主要项目是贾溪垅村民组水上大棚，是一个集水上休闲、观光、垂钓、餐饮于一体的田园综合体项目，2017年9月正式开工，规划总占地面积150亩，其中水上大棚45亩、电动联动大棚105亩。老山口种养殖专业合作社的中华蜂养殖是短期合作发展项目。

（四）村寨保护与文化传承

高楼坪村古祠流芳，红军井泉、竹编手工艺构成了丰富多元的乡村文化，高楼坪村注重文化保护，传承侗族文化，沿袭侗寨乡俗。

1. 宗族文化保护

刘氏祠堂1985年被确立为县级文物保护单位，2006年被确立为省级文物保护单位。曾经有过多次修缮，2009年3月一期修缮维修工程修复牌楼大门局部、踏步、戏楼及前南北厢房，2013年12月二期修缮维修工程修复过厅、后北厢房、正殿、后花园。

2. 农耕文化保护

万山竹编技艺是万山侗族传承至今保存较为完整的农耕社会手工艺技艺，它包含着大量的历史信息和文化信息，是研究万山侗族和中国北侗历史、文化的重要资料。2009年9月13日被贵州省人民政府列入第三批省级非物质文化遗产名录，2016年又被贵州省民族宗教事务委员会列入手工艺传承所。

3. 红色文化保护

通过2015年度一事一议财政奖补小康寨建设项目，贾溪垅组和堰上组先后建成垂钓基地、长亭、休闲长廊、水风车、文化墙、红军井、农耕雕塑、乡土公园、竹林步道、观景台、交通引导牌等基础设施，丰富了乡村旅游景观。2016年4月20日区财政拨款修缮红军井，初步形成了红色景观集群。

（五）乡村治理

2017年全村实施"五改一化一维"[①]95户。其中改厨54户、改水50户、改厕44户、改圈7户、改电37户、硬化44户、房屋维修59户。2017年实施危房改造3户，易地扶贫搬迁9户。目前，全村365户、1097人均有安全住房。

三、创新实践及发展模式

高楼坪村在产业扶贫、文化保护、环境治理、社会建设、农文旅融合等方面都有较多实践和探索，尤其是开展脱贫攻坚工作以来，在产业扶贫和农文旅融合发展方面取得较大成绩。以"一长两短"[②]的产业布局，带动全村47户贫困户顺利脱贫，同时实现了产业发展的三个转型：从单一粮食作物向多元经济作物转型，从传统耕作方式向现代化生产转型，从第一产业向三次产业融合发展转型。

产业扶贫采用"公司＋合作社＋农户（贫困户）"的模式，支持全村25户特别困难的建档立卡贫困户入股九丰农业，并签订分红协议，使企业与贫困户建立利益联结机制，保证贫困户有稳定收入来源。

---

① "五改一化一维"，指改厨、改厕、改圈、改水、改电和房前屋后硬化及危旧房维修。
② "一长两短"，指一个长效产业和两个短期合作项目，高楼坪村长效产业是红色生态种养殖农民专业合作社，两个短期合作项目分别是士隆专业合作社一户一亩菜园产业项目和老山口种养殖专业合作社中华蜂养殖项目。

高楼坪村城镇化水平较高，基础设施建设完善，卫生环境条件良好，具备发展乡村旅游业的基础。该村积极探索农文旅融合发展模式，挖掘红色文化、地方民族文化，创新表现形式，充分融合贺龙、关向应率红三方面军在贾溪垅整顿的红色历史情缘、贺龙为当地老人送物资的逸事以及贾溪垅本土竹编手工艺人文元素，举办"重温长征路"、侗族歌舞表演、文化风情体验、垂钓大赛等活动，推进农文旅融合互动。

四、突出问题及原因

高楼坪村在实践发展过程中，还存在一些不容忽视的问题，有些是在农村发展过程中的共性问题，如失地农民安置问题、产业发展资

2018年10月19日，调研四组与高楼坪村村委会委员召开座谈会。

金问题等，有些需要在村级层面引起特别重视，如文化资源的开发与保护问题。

（一）文化资源开发与保护问题

红军井、刘氏祠堂、竹编技艺等旅游资源分散在各村民小组，未形成整体开发保护，限制了旅游业整体发展。目前，刘氏祠堂和竹编技艺均列为省级文化保护范围，但是在文化传承上缺乏持久保护机制，缺少保护资金。刘氏祠堂除2015年举办过一次庆典联谊会筹集部分资金外，主要通过不对外开放的方式避免被破坏，这样既不利于祠堂文化的传播，也不利于侗族文化的传承。

（二）失地农民系统安置问题

村支书刘福章介绍说，高楼坪村520余亩的土地已被医院、学校、道路等公共服务设施建设和旅游开展建设征用，占全村耕地50%以上，覆盖全村所有农户。对于被征地农户，按当期征地补偿政策，土地补偿标准10000~30000元/亩不等。失地农民除获得固定补偿款之外，并无其他安置措施，也尚未建立完善的失地农民生产生活保障措施，均为自行择业发展。而农民自谋职业发展相对困难，主要有两个原因：一是村集体经济产业项目多为新品种，且为现代化生产方式，农民在村集体经济就业缺乏技术积累；二是农民文化素质偏低，技能水平不足，在其他领域就业明显处于劣势地位。

（三）扶贫资金使用效率与可接续性问题

贾溪垅村民组水上大棚项目采用"先建后补"开发模式，目前，帮扶干部自筹资金、合作社自筹资金均已到位，扶贫资金已经拨付100余万元，还有部分贫困户的银行贴息贷款资金，其他补贴资金需项目建成后集中申报。由于项目基础薄弱，涉及基础设施建设、大棚建设等工程施工，资金需求量较大，工程欠款问题严重。负责项目基础设施建设管理的脱贫代表刘祖礼介绍，"有些怕担风险，怕亏进去了。我们2017年第一次投资了两万块钱，没有回报，现在才走上正轨。""账本太多了，买材料已经欠了几百万元。"这说明资金问题不仅影响项目进展，还给通过贷款参与项目的贫困户带来了风险。

五、对策与建议

（一）统筹开发与保护，推动农村产业深度融合

要综合考虑村域范围内的红色文化、农耕文化、宗族文化，充分发挥生态资源优势，平衡好文化资源开发与保护的关系，融合农文旅产业，推进乡村经济多元化。一是保护上划红线，划定历史文化保护红线，明确保护范围、保护标准；二是文化上深挖掘，深度挖掘文化资源的历史和文化内涵，真正做到文化传承；三是开发上铸品牌，引进专业化公司进行整体策划设计，打造精品文化旅游线路。同时，盘活农村闲置宅基地、房屋等资源，发展农家乐、民宿等新兴业态，让闲置农宅"动起来、转起来、活起来"，采取区别对待、因宅施策的办法，实现资源的最大化利用。建成立足乡土社会、富有地域特色、承载田园乡愁、体现现代文明的升级版乡村。

2018年10月18日，调研四组访谈脱贫代表刘祖礼。

（二）补齐农村民生短板，提高农民生活保障水平

　　高楼坪村已流转的土地较多，农业产业占比已经很低，要提前布局，统筹谋划，做好失地农民民生保障工作。一是统筹城乡规划布局，加强农村基础设施建设。加强以高楼坪乡政府驻地为中心的农民生活圈建设，对道路、桥梁、环卫、绿化以及供水、供电、供气、排污等基础设施进行统一规划建设，以镇带村，以村促镇，推动村镇联动发展，改善人居环境。二是增加农村基本公共服务供给，促进城乡公共服务资源均等化。失地补偿难以作为失地农民的长久保障，要从医疗、教育、养老等方面逐步完善农民社会保障体系。完善村日间照料中心功能，积极组建孝道基金，培育一批服务老年人的社会企业、社会组织和志愿者，完善农村老年人群的社会资助体系。适时建设一个集养

老综合体、养老中心、养老社区、户外养生公园于一体的健康宜居养老养生基地，培育养生产业。三是优化培训资源，提升农村劳动力就业质量。充分运用好农民讲习所和春晖社两个平台，发挥大学生、在外务工人员、农村青年致富带头人、离退休干部等人才资源，对接专业技能、思想意识、政策宣传等教育培训活动，加大蔬菜种植、开办农家乐、旅游服务等相关技能的培训力度。做好农村劳动力资源调查统计工作，进行实时动态管理，增强职业培训的针对性和有效性。保障农村劳动者和用人单位的合法权益，加强就业援助，对就业困难农民实行分类帮扶。

（三）健全多元投入机制，完善支农资金配套体系

以合作社为代表的集体经济实现了高楼坪村脱贫增收，但持续发展动力不足，"造血"功能薄弱。合作社需用好财政补贴资金，并探索新型融资模式，以获得持续发展动力。一是加快农村金融制度创新，完善农村信贷损失补偿机制，探索建立地方财政出资的涉农信贷风险补偿基金。二是积极引进社会资本，优化资金配置。在村集体经济发展的基础上，充分发挥财政补贴的杠杆作用，探索贷款贴息、新兴产业投资基金等方式吸引社会资本投入，鼓励通过注册乡村旅游投资开发公司、组建农家乐合作社等方式整村连片发展乡村旅游。三是建立风险防控机制。进一步加大对农业保险的支持力度，针对各地各类特色农产品的发展情况，建立创设各级财政支持开发、扩大特色农产品保险品种的机制，增加保费补贴品种，扩大保费补贴区域，支持提高保障水平，增强农业和农户的抗风险能力。

参考文献

1. 铜仁市万山区转型可持续发展大调研组 :《铜仁市万山区大调研组赴万山区高楼坪侗族乡开展预调研简报》, 2018。

2. 中共中央、国务院 :《关于实施乡村振兴战略的意见》, 2018年1月2日。

3. 中共中央、国务院 :《乡村振兴战略规划（2018—2022年）》, 2018。

宁静的村庄掩映在山雾之中，那里有梦中的色彩和声音，有鱼跃莲花，有清香稻米，有山中野味。

改变从未停止，而生活依旧。这是他们的童年，这是她们的晚年，
每一副熟悉又陌生的场景都有它的归宿。

远处，白墙黛瓦，亭台楼阁，碧波胜西湖。家门口，河水清清，绿草悠悠，红枫赛春花。

巧抓融合发展机遇
全面提升乡村品质
——青年湖村调研报告

2018年10月21日，铜仁市万山区转型可持续发展大调研第四小组张涛、赵灵灵赴青年湖村开展了为期1天的调研。调研组与社区"三委"开展了1场座谈会；重点访谈了社区主任、副支书、原省人大代表杨再林，社区支书刘泽东、下派干部田涵乐、副主任向鹏、返乡创业人员刘洪坪等5人；随机走访了詹家屯、黄家寨、向家组等村民小组，对黄家寨片区的乡村旅游发展情况进行了重点走访，参观了"民心党建＋'三社'融合促'三变'＋春晖社"展览室，走访了生猪代养基地。

青年湖村从产业和治理两个方面着手，带动了社区的发展与振兴，走上了逐渐实现生活富裕和乡风文明的道路，是我国西部地区乡村振兴的一个缩影。目前，青年湖村发展中还面临城乡融合不畅、产业质量不高、精神文明建设欠缺等问题，建议青年湖村通过推进城乡融合、提升产业发展质量、强化精神文明建设，深入落实乡村振兴战略。

一、基本概况及历史沿革

青年湖村位于万山镇与高楼坪乡叠交地带，地处高楼坪乡东南部，距乡政府2公里，距玉铜高速公路、沪昆高铁站4公里。青年湖村地貌以山地为主，占全社区总面积的57%左右，平均海拔820米。属亚热带湿润季风气候，年平均降水量1200~1400毫米，无霜期长，气候立体特征明显，土层较薄，但相对肥沃，适宜种植的经济作物种类较多。

该社区区域面积12平方公里，耕地面积1093亩。社区共辖21个居民小组，740户、2185人，侗族居多，以刘、向、龙等姓氏为主。该社区较早实现小康村目标，属于非贫困村，但有贫困户79户、259人，2017年末有建档立卡未脱贫人口7户、18人，贫困发生率为0.82%。全社区有劳动能力户706户、2128人。"三无"（无劳动能力、无收入来源、无子女赡养）老人有4人。有党员78名，社区干部12人，国家干部37人，涉军人员18人，致富能人32人。

全社区设党总支1个，下辖农村、社区、协会党支部3个，党小组8个。2010年，该社区分别被贵州省、铜仁市评为"五个好"基层党组织；2011年7月，被中央表彰为"全国先进基层党组织"；2014年9月，被国务院授予"全国民族团结进步模范集体"称号等。

驻村工作队有4人，分别是杨光清、易承俊、郭明和李鹏，其中驻村干部杨光清已驻村2年。现任社区支书、社区居委会主任、社区居务监委会主任分别是刘泽东、杨再林和陆成桥，其中现任社区居委会主任杨再林从2005年村合并开始兼任党支书和村委会主任，鉴于年龄和身体原因，2017年换届退居二线，担任社区副支书和居委会主任。现任社区支书刘泽东2005年入选村委会，2017年换届时当选支书，担任社区支书1年。

青年湖村2005年由原郭家村和黄家寨合并而成，因境内的青年湖水库而得名。该社区水资源丰富，气候宜人，有水库1座，山塘14口，水资源总量约240万立方米，山水相间，漫山野樱花，景色迷人，具有冬无严寒、夏无酷暑的独特自然气候，是避暑休闲的理想之地。周围还有万山国家矿山公园、九丰农业博览园、滨河公园等旅游景点。

黄家寨有一口相传建于南宋时期的古井，至今已有800余年历史，其井水甘甜、清澈见底。长久以来，此井是当地乃至周边社区1000余名居（村）民的生活、生产用水来源。

近年来，青年湖村依托种养殖业，传承竹编技艺和侗族文化，积极发展乡村旅游业，发展农家乐，开发社饭、炖鸡、凉拌鸭脚板、豆腐菜、灰浆粑等特色饮食和土鸡、老鸭等土特产品，丰富打糍粑、鼟锣、侗歌等民俗文化。

2018年8月15日，连玉明院长同青年湖村居委会主任杨再林交流。

二、基础条件和特色优势

青年湖村距铜仁火车站30公里、铜仁高铁南站28公里，万铜公路、万玉公路穿境而过，县级旅游公路2公里，通乡、村公路30公里。全社区21个居民组干道已全部硬化、户户通硬化路，硬化率100%，道路通达率100%。全社区740户全部通水、通电。多彩贵州"广电云"户户用安装工程全覆盖。电网及通信网络覆盖率达100%。实施了村寨美化、亮化工程，99%的农户住上了楼房。

该社区文教卫体等公共服务设施完善。医疗养老方面，全社区有1个社区互助幸福院，1个老年活动中心，3个医疗诊所。所有建档立卡贫困户均享受四重医疗保障（代缴纳合作医疗保险、重病保险、民政救助、扶贫医疗兜底及小额扶贫医疗保险），有医疗扶贫资金支持。教育方面，2017年末，社区建档立卡在校学生57人，其中中职及以上5人、高中5人、初中及以下47人。除九年义务教育政策补助外，贫困学生有教育扶贫资金支持，6~16周岁社区居民无一人因贫失学。文体设施方面，建有1个标准化书屋——春晖书院，书屋按照图书的内容、形式、体裁和读者用途等，分门别类放置，定期组织开展读书活动，每周对居民提供不低于3个工作日的服务，引导居民读书。建成了1个标准化党员干部现代远程教育站点，1个多功能活动室，1个标准化居民文化家园，6个文化小广场。配备村村通广播设备1套，音响设备1套。有3个体育广场，并配备了体育健身器材。成立了1支老体协队伍，1支业余歌舞文艺工作队。黄家寨建成了一条供居民休息娱乐的文化长廊。

2018年8月15日，连玉明院长一行参观青年湖村多功能信息服务中心。

（一）产业发展

按照"产业主导，旅游配合，互为补充，协调发展"的思路，青年湖村以实施集体经济工程为主线，发挥集体经济的带动作用，筹资建设生猪养殖、黄桃种植、"一户一亩菜园"三个集体经济项目，成立了众诚绿色农民专业合作社对项目进行统一管理，入股九丰农业大棚蔬菜及旅游项目、连栋大棚蔬菜项目，并成立种养殖协会、用水协会等专业协会组织。

该社区大力发展乡村旅游业，以万山国家矿山公园为依托，以侗家民族风情、自然田园风光、农业观光、垂钓休闲游憩等资源为支撑，对黄家寨特色村寨进行提档升级，嵌入式衔接农家乐，打造"庭院休憩型"农家休闲旅游度假区。目前正在对乡村旅游进行提档升级，在社区交通道路两旁沿线种植油菜，以田园式油菜花海美景为线，引客入寨，衔接江南水乡·滨河公园、黄家寨特色文化村寨、青年湖水库、上寨民宿等形成旅游观光路线，打造青年湖村"一步一景致、一处一观赏"的乡村旅游景观。

建材、运输等服务产业带动社区民营经济良好发展，全社区已有民营企业及个体户121户，该社区经济殷实的家庭有200多户，资产上百万元的家庭有50多户。社区外出务工人员较少，有劳动力外出务工的187户。社区与万山老城区毗邻，大量的基础设施建设为大部分居民提供就近务工岗位。同时，附近的朱砂厂、打火机厂、加油站及九丰农业博览园、矿山公园等旅游景点也可以吸纳居民就近就业。

（二）村寨保护与文化传承

该社区致力于春晖家园建设，在黄家寨打造小康田园示范点。黄家寨拥有优越的自然生态环境和浓厚的侗家文化底蕴，近年来，黄家寨依托朱砂古镇和九丰农业博览园两大旅游景区，大力发展乡村旅游，目前已形成独具特色的村寨景观，发展农家乐8家，是万山区唯一的综合型农家休闲旅游度假区。黄家寨在发展过程中既注重产业兴旺，又注重文化保护，2014年被评为"全国民族特色村寨"，2016年获全省同步小康创建示范村等荣誉。

1. 人居环境整治

该社区实施"五改一化一维"① 项目311户（含贫困户68户），其中，改厨254户、改水244户、改厕66户、改圈23户、改电55户、硬化79户、

---

① "五改一化一维"，指改厨、改厕、改圈、改水、改电和房前屋后硬化及危旧房维修。

房屋维修79户。2018年实施危房改造8户，易地扶贫搬迁7户，危房改造率达100%，人均居住面积达50平方米。特别是黄家寨建了采用"无动力厌氧＋人工湿地"①处理工艺的生态处理系统和技术先进的好氧堆肥生态垃圾处理房，大大改善了人居环境。

2. 村民自治

该社区不断深化村民自治实践，依托村民议事会，组织召开群众代表会议，集聚能人志士，共同商讨产业发展问题，共谋发展思路。建立了居民代表会议制度、居委会联系群众制度、民主监督制度、民主决策制度、学习制度等，健全社区居务监督机制，建立了村规民约，并在村级管理、社会治安、乡风文明及其他重大事项方面做了详细规定。

从抓好"六进村"②"四在农家"③活动入手，加强农村思想道德建设。组建了文艺宣传队伍，培育新型农民，倡导和谐新风。开展了"十星级文明户""十佳孝子""卫生模范户"等创建评比活动，社区70%以上的家庭达到了文明户、卫生户的创建评比标准。

3. 社区管理

试行社区（村）干部任期目标管理机制，将社区党总支制定的三年任期目标，细化分解到每个社区干部。凡在任期内不能完成分解

---

① "无动力厌氧＋人工湿地"，黄家寨污水处理终端采用的一种处理工艺，其流程为"农户污水→污水管网→格栅池→无助力厌氧池→人工湿地→出水井→达标排放→生态湿地"，该技术适用于分散家庭厨房、洗衣、洗澡等低浓度农村生活污水的处理。

② "六进村"，指农村思想建设"六进村"活动，包括惠民政策宣讲进村、文艺电影服务进村、科学技术服务进村、计生卫生服务进村、法律法规服务进村和先进典型创建进村。

③ "四在农家"，指富在农家、学在农家、乐在农家、美在农家，是2013年贵州省政府《关于实施贵州省"四在农家·美丽乡村"基础设施建设六项行动计划的意见》提出的改善农村人居环境的目标。

2018年10月21日，调研四组与青年湖村居委会副主任向鹏交流。

任务的，原则上不能作为下一届社区党总支候选人提名人选。用制度规范社区党员干部行为，促进社区管理工作向科学化、规范化发展。坚持完善"一人兼、齐参与、全力抓"制度，有效化解以往社区"两委"与其他配套组织关系不协调、相互推诿、职责不清的矛盾。切实解决服务群众"最后一公里"问题，规范化设立"一核多元"①示范点，配备便民服务大厅、"四点半学校"、棋牌室、讲习所、党员活动室等功能场所，充分发挥基层组织服务功能，方便群众办事，丰富群众生活。

---

① "一核多元"，指以社区为单位组建党的基层组织，以社区党组织为核心，把各种社会力量紧紧凝聚在党组织周围，为社区居民提供多方面服务，提升党组织在基层工作中的凝聚力、向心力和战斗力。

三、创新实践及发展模式

青年湖村在扶贫、社会治理、卫生环境整治等各项工作中充分发挥基层组织的领导带头作用，坚持"面上铺开，点上突破"发展原则，实施党员表率工程、党员创业带富工程。

党员创业带富方面，黄家寨党支部创建了"党支部＋合作社＋基地＋农户"的模式，由黄家寨支部牵头成立农民专业合作社，通过整合扶贫资金和群众入股资金，发展集体经济，并按照"622"模式进行分红。在帮扶过程中，实行"党员致富能人＋贫困户"的帮扶模式，进行一对一的结对帮扶。发挥了社区党组织对集体经济组织的领导核心作用，优化提升了党员带头人队伍。

环境卫生整治方面，整合社区"三委"、驻村工作队、"5321"帮扶①干部力量，明确责任分工，划分6个片区开展环境卫生大整治，制定了卫生管理考核制度。每个片区每月需对所辖范围内的农家乐、餐馆等进行环境卫生评分，每月考评两次，考评分数从高到低进行排列，对后三名的商家进行通报批评，并积极督促、引导帮助做好卫生保洁。

黄家寨通过充分发挥支部引领、村民自治齐抓共管的两大作用，将生活垃圾分类处理及生活污水处理两大系统的日常管理职责分摊到每一位党员、每一户农户、每一位居民。积极推行由青年湖村"两委"负管理总责、黄家寨党支部包片责任制，紧密联系党员群众，实现社区生产生活垃圾处理系统运作及管理的良性循环。

---

① "5321"干部结对帮扶方式，即县级干部每人帮扶5户，科级和乡镇班子成员每人帮扶3户，股站级干部每人帮扶2户，干部职工每人帮扶1户，实行"一定两年、直接到户、责任到人"考核机制。

2018年10月21日，调研四组实地考察青年湖村生猪代养基地。

四、突出问题及原因分析

青年湖村的发展可谓成绩斐然。透过青年湖村的发展，既能看到扶贫政策给贫困村带来的巨大变化，也能看到脱贫后小康村发展的困境。影响青年湖村未来发展的制约因素主要有三个：一是"村改居"推进不深入，城乡融合发展的体制机制不健全，城乡资源流动不畅通。如缺少人才，存在社区干部年龄老化、文化程度偏低等现象；缺少资金，生猪代养集体经济项目由于资金困难，几近停滞；缺少土地，所有土地都分包到户，发展集体经济需流转土地，这无疑增加了集体经济发展的成本。二是产业发展低端化，难以形成持久带动作用。如集体经济项目同质化严重，与周边村寨所选择的项目类似，且多数是新引进品种，缺乏技术积累；乡村旅游仅仅停留在"农家乐"餐饮阶段，留不住人。三是群众攀比思想、"等靠要"思想还客观存在。据扶贫干部反映，扶贫过程中，仍有部分贫困群众存在"懒赖推、等靠要"思想，甚至有的群众为了讨要政策，把老人安置在老旧危房中。如今的扶贫政策属于供给主导型的扶贫资源配给，扶贫政策对贫困户的各种照顾使得农户产生了"比穷不比富"的思想。

五、对策与建议

(一) 顺应城乡融合发展趋势，推动要素双向流动

"村改居"是在我国现行城乡二元体制下，加快中小城市扩张、加速近郊农村向城市融合的重要手段，青年湖村要抓住城乡融合发展机遇，深入推进"村改居"。一是着力破解城乡二元结构，健全城乡融合发展的体制机制，重塑新型城乡关系和重构城乡形态。加快城乡基础设施互联互通，健全城乡公共服务均等化体系，推进户籍制度改革，实行居住证制度。二是加快研究城乡资源要素双向流动的政策体系，改变以往的单向流动模式，引导城市人才回归农村、城市资源反哺农村、城市文化厚植农村。推动农村创新创业群体多元化，整合政府、企业、社会等多方资源，推动政策、技术、资本等各类要素向农村创新创业集聚，推动城市整体反哺农村发展。三是推行新乡贤文化，完善干部返乡、市民下乡、能人回乡和企业兴乡的"四乡"模式，构建新型乡村治理模式。推进人才多元共融，培养社区具有带头作用、能够凝聚人心、有勇有谋的年轻人才，扶持合作社、农业企业等新型经营主体，培育新型职业农民，引进具备争取信息、技术、资金等资源能力的综合型人才。

（二）把握产业融合发展机遇，提升乡村产业品质

产业融合发展是乡村振兴的路径，青年湖村要注重提升农业品质，倒逼农业质量提升。一是结合资源禀赋，顺应城乡居民消费拓展升级趋势，发掘乡村旅游新功能。继续大力发展黄家寨农旅产业，完善基础设施，升级农家乐版本，打造高品质旅游民宿基地，补齐乡村旅游住宿短板，形成吃住游一体的乡村旅游综合体。二是深入实施电子商务进农村，培育农村新业态。通过大数据平台进行网络营销，对接周边省市旅行社，大力开展推介和营销活动，开展"统一对外营销，统一服务标准，统一分配客人，统一结账"的"四统一"经营模式，进一步打响"黄家寨"乡村旅游品牌。三是依托现代农业发展，丰富乡村产业发展模式。摆脱"政府让干什么就干什么"的思路，充分发挥人的主观能动性，引进现代化管理理念，建立科学的项目评估机制，寻找最适合的产业发展项目，以市场化手段招商引资，实现可持续发展和乡村繁荣。

（三）筑牢脱贫攻坚成果基础，强化精神文明建设

青年湖村物质文明建设已经远超周边村寨，未来应注重精神文明建设，消除精神贫困，巩固脱贫攻坚成果。一是营造公平正义的文化氛围，改变盲目攀比的不良倾向。建立公开透明的帮扶工作环境，推动扶贫账目公开、流程公开，强化资金使用效果和过程监督，保证扶贫资金用在刀刃上，让群众心服口服。二是强化基层党组织的领导地位，实现精准扶志扶智。发挥基层党组织对政策的宣传作用，建立党员联系农户制度，注重发挥无职党员作用，精准对接贫困群众的精神和物质需求，定期对思想落后农户进行走访教育。结合社区情况，加

大力度在青年农民、妇女中发展党员，进而带动家庭精神脱贫。三是推进农村诚信建设，让农民从思想根源上斩断"穷根"。组织开展诚信活动，强化农民社会责任意识、规则意识、集体意识和主人翁意识。建立农户诚信档案，进行诚信评比，发挥模范带头作用，形成创先争优的民风民气。

参考文献

1. 铜仁市万山区转型可持续发展大调研组：《铜仁市万山区大调研组赴万山区高楼坪侗族乡开展预调研简报》，2018。
2. 中共中央、国务院：《关于实施乡村振兴战略的意见》，2018年1月2日。
3. 中共中央、国务院：《乡村振兴战略规划（2018—2022年）》，2018。

乡愁夜郎

三十里幽谷，三十里画廊，三十里世外桃源。

成为一名匠人，需要十载锤炼；成就一颗匠心，却要百年沉潜。看篾刀、刮刀、匀刀，运刀如水，夹子、锯子、锥子，楔子生花，一时间竹条经他点化便活了起来。

每一年初春，都是你牵着老水牛，翻起大地的皱纹；每一年深秋，都是你躬身挥舞镰刀，垛起田间的谷庙；每一年隆冬，都是你在村头眺望，盼再听炉边的家常。

活化旅游资源　打响夜郎品牌

——夜郎村调研报告

2018年10月17~19日，铜仁市万山区转型可持续发展大调研第四小组朱盼盼、王琨赴高楼坪侗族乡夜郎村开展了为期3天的调研。其间，调研组和村"三委"举行了以"夜郎村发展经验与前景"为主题的座谈会，实地考察了村蜜枣产业园、竹荪种植基地、蒙古包餐饮旅游等项目，察看了村水、电、气、路、绿、网等基础设施建设情况，收集村资料近十种，对包村干部刘德意、驻村干部陈英、致富带头人罗康金、村监委会主任张小进、脱贫代表余秀英、海龙城文旅公司品牌策划倪磊等进行了访谈，到访居民家中并完成入户调查问卷12份。

从具体的调研情况来看，夜郎村近年来在产业、生态、文化、乡村治理、居民生活等方面取得了很好的成绩，已然成为远近闻名的小康村。但由于开发资源和经验的不足，当地已有产业的发展进入瓶颈期。结合辖区内夜郎谷省级风景区的建设任务，以及当地农业农村现代化的历史使命，建议以"活化旅游资源 打造丹都品牌"为核心，着力提升产业承载力与资源要素集聚度，进一步带动乡村经济社会发展，为铜仁市打造国家全域旅游示范区提供支撑。

一、基本概况及历史沿革

夜郎村位于东经109° 12′、北纬27° 25′，地处万山区西南部、高楼坪侗族乡东南部；隶属铜仁市万山区高楼坪乡，距乡政府4公里、区政府38公里；与湖南省新晃县相连，是两省三县交会区，距玉铜高速公路、沪昆高铁站仅5公里路程，紧邻国家4A级景区万山九丰农业博览园。

该村村名经历数次更改，最早名为"铺前村"，于2005年更名"夜郎村"（又称"夜郎谷村"），由现近的夜郎、龙田、兴中三个村落组成；2011年起又再次拆分为上述三个村落。目前，该村辖区面积为15平方公里，有伍家田、辽冲、刘家、苏家、杨木桥、屯坪、庙湾、坪家坡、下院子、铺前、胜利坡11个村民小组，民族以侗族为主。在地理风貌方面，该村以山地为主，占全村总面积的55%左右，平均海拔820米。属亚热带湿润季风气候，年平均降水量1200~1400毫米，无霜期长，气候立体特征明显，适宜多种生物群体的繁衍。

在人口方面，截至2017年底，夜郎村共有349户，计1159人。有劳动能力319户、447人；有劳动力外出务工69户；有党员42人，村干部9人，国家干部15人，退役军人18人，致富能人5人。有低保户51户、69人，其中建档立卡户30户、44人；有五保户2户、3人；有残疾户48户、51人，其中一、二级残疾8户、8人，建档立卡户18户、19人；有危房改造户63户、241人，其中建档立卡户21户、77人；有重病户3户、3人，其中建档立卡户1户、1人。自脱贫攻坚以来，共有建档立卡贫困户58户、201人。2014年脱贫3户、20人，2015年脱贫8户、45人，2016年脱贫25户、80人，2017年脱贫18户、49人，剩余建档立卡贫困户未脱贫的4户、7人，贫困发生率为0.67%。此外，该村有60岁以上老人315人，90岁以上老人2人，分别为吴老东、杨林英。

在基层组织方面，该村包村干部为乡党委委员、政协工委主任刘德意；驻村干部为陈英，2016年8月1日起任职，此前职务为万山区密码通信管理中心主任；村支书为刘兴运，村委会主任为刘祖兴，村监督委员会主任为张小进，及"两委"委员吴维娜、刘敏。

二、基础条件与特色优势

近年来，当地居民亲眼见证了基础设施建设的快速发展，而其生产生活面貌也发生了翻天覆地的变化。

在基础设施方面，该村有县级旅游公路2公里；电网及通信网络的覆盖率达100；示范村重点核心村寨供水管网约10000米，排污管网（沟渠）1500米。近三年来，水、电、路、信、房等各类问题全部破除，"组组通"公路建设全面完工，联户硬化路、安全用水、安全用电、4G网络、广电云"户户用"等实现村内全覆盖。

在农田设施方面，该村有基本农田1200亩，有效灌溉面积1060亩，有效灌溉面积占耕地面积的比重为88%；节水灌溉面积600亩，农业灌溉水源占到87%；水库4座，山塘21口，总库容170万立方米、有效库容130万立方米；已建排洪渠3200米，未建排洪渠3000米。灌溉引水渠工程已建成1.1万米，未建灌溉引水渠1.2万米。农业机械化使用率达到35%，现有小型耕田机80台。

在公共服务方面，该村近年来加大了教育投入，为51名建档立卡贫困学生提供省级、市级兜底教育资助63730元，1名建档立卡学生享受雨露计划资助4000元，并实现全村6~16周岁村民无一人因贫辍学；

2018年8月15日，连玉明院长考察了解夜郎村基础设施建设情况。

该村完善了医疗保障体系，为58户、201人代缴农村合作医疗保险2.416万元，让所有贫困户都享受新农合、大病保险、民政救助、医疗费用兜底"四重医疗保障"。仅2017年，全村完成建档立卡贫困户医疗保障补偿21.69万元，住院补偿比例均达到90%以上。教育和医疗政策的落实，促进社会保障水平不断提升，有效提高了当地居民的安全感和满意度。

在产业发展方面，夜郎村粮食作物以水稻、玉米为主，经济作物以油菜、花生为主，特色产业以蜜枣、竹荪、蔬菜为主。该村按照"户户有增收项目、人人有脱贫门路"要求，成立了"丹都农旅专业合作社"，启动了夜郎村蒙古包项目、连栋大棚蔬菜项目、村村通扶贫产业示范带项目，鼓励发展牛、羊、猪等家畜的养殖，以及蜜枣、蔬菜、食用菌的种植和推广。此外，辖区内拥有省级风景名胜区——夜郎谷，素有"三十里幽谷、三十里画廊、三十里世外桃源"的美誉[1]，是休闲娱乐、旅游养生的绝佳圣地。

在乡村治理方面，夜郎村深入实施"五改一化一维"项目，改厨116户、改水113户、改厕80户、改圈22户、改电63户、硬化102户、房屋维修58户。强力推进农村危房改造，2015~2017年，累计投入资金24.98万元，实施农村危房改造62户，实施立面改造185户。全村面貌得到极大改善，群众生活质量大大提升。

随着产业的发展与脱贫政策的落实，当地群众生活状况有了很大的改善。调研组到夜郎村苏家组余秀英老人家中走访，老人过去的危房已改造成占地200平方米的水泥楼房，房前院子里养了13只鸭、17只鸡、1只狗，并种植了蔬菜、鲜花等，基本满足了自己和老伴两人的日常生活改善。余秀英老人还利用闲余时间把生活的变化以山歌的形式唱出来："党的政策好处多，以前楼房修城市，现在修到山窝窝，餐餐吃的大米饭，每天的酒肉都没断，我们感谢共产党，幸福生活万年长。"喜悦之情，溢于言表。

三、创新实践及发展模式

（一）竹荪种植项目

近年来，竹荪种植由于前景好、价格高、销路畅，已成为带动贫困群众脱贫致富的有效方式。2018年2月，夜郎村村委会、驻村工作队的多方考察后确定了发展竹荪种植项目，通过招商引资，采取"公司＋

---

① 资料来源：欧阳黔森，《看万山红遍》，《人民文学》2018 年第 9 期。

合作社＋基地＋农户"的产业运作模式，推动全村群众大力发展竹荪种植产业。同时，贵州省荪灵现代农业有限公司预计投资800万元，主要用于夜郎村竹荪基地的种植、管理、加工及销售业务，目前已种植竹荪800多亩。[①] 夜郎村竹荪种植项目的模式创新主要体现在两大方面。

一方面减少了水稻和玉米等传统作物的种植，并结合当地自然条件及市场需求改种了高附加值的经济作物。夜郎村气候温和、土壤肥沃、旱涝灾害少，并且栽培竹荪所需的木屑、芦苇等材料也有充分供应，因此特别适宜竹荪等对生态环境要求高的菌类生长。而在市场考察方面，夜郎村对竹荪市场摸得很透，销路很畅通，经过加工包装后的竹荪主要销往上海、广州、深圳等地。

另一方面则是通过利益联结机制，有效提升了贫困群众致富能力。竹荪种植项目中所获利润的20%支付给农村合作社，供合作社用于运营管理和贫困户分红。与此同时，农户还可以选择将田地流转给合作社，每亩每年可获得租金800元，真正让"黄土地"变成"红票子"。

据夜郎村支书刘兴运介绍，竹荪从种植到采摘的周期为两个月左右，现在每斤干竹荪的市场价在300元左右，一亩地能量产80斤干竹荪，夜郎村竹荪基地的产值预计达2000多万元，创造就业岗位300多个，带动困难群众500多人受益。

（二）夜郎蒙古风情园

自2017年7月起，夜郎村投入100万元建设了夜郎蒙古风情园，占

---

① 资料来源：唐元艳，《高楼坪乡夜郎村："雪裙仙子"守护致富梦想》，铜仁网，
http://www.tongren.gov.cn/2018/0406/149540.shtml。

2018年8月15日，连玉明院长实地考察夜郎村荪灵牌竹荪加工场地，了解竹荪采摘、加工和销售情况。

地50余亩，一期工程已在当年11月底建设完工，12月中旬起对外营业；二期于2018年4月逐步启动。该景区按照标准蒙古风情进行规划建设，结合夜郎谷自然风光和九丰农业博览园农旅产业，着力打造一条独具人文风格，集吃、住、娱于一体的蒙古风情生态旅游线路。目前，已经搭建起17个蒙古包，其中有2个直径8米包、10个直径5米包和4个直径4米包，并建有可容纳100人的蒙古餐厅1个。

村民，特别是贫困户参与入股是蒙古风情园项目最大的亮点。据悉，园区采用农民专业合作社的形式进行经营和管理，通过贫困户入股、合作社社员入股、群众自愿入股以及财政资金注入等多种形式整合资金，并创新"5221"分红模式，即产生利润的50%用于入股分红，

20% 用于再发展资金，20% 用于贫困户分红，10% 用于集体经济积累。该项目不仅为当地打造出一条集吃、住、娱于一体的蒙古风情生态旅游线路，同时也为脱贫攻坚事业提供了很大的支持。

四、发展基础及存在问题

万山磅礴，必有主峰。近年来，铜仁市以"念好山字经、做好水文章、打好生态牌，奋力创建绿色发展先行示范区"[①] 为指引，着力推进大生态与大扶贫、大数据、大旅游、大健康融合发展，实现了生态效益、经济效益和社会效益的同步提升。面对夜郎村"建设好省级风名胜区"的定位[②]，需要继续坚持和落实这些发展思路，并重点挖掘当地的旅游资源，深入分析以往景区开发中存在的不足与困难，为下一步具体的开发工作提供思路和参考。

（一）旅游资源基础

1. 自然资源

早在2017年2月20日，贵州省人民政府就批复同意了《万山汞都——夜郎谷风景名胜区总体规划（2016—2030年）》，明确了东起中华山村、南抵湘黔界、西接桐木董、北至杉树坪的地区将打造省级风景名胜区；其中夜郎谷峡谷风光景区东起老寨垅、西至陶家冲（湘黔界）、南起两

---

① 资料来源：陈昌旭，《铜仁奋力创建新时代绿色发展先行示范区》，《当代贵州》2018 年第 26 期。

② 资料来源：《省人民政府关于万山汞都——夜郎谷风景名胜区总体规划（2016—2030 年）的批复》（黔府函〔2017〕37 号），2017 年 3 月 2 日。

河口（湘黔界）、北至寄马冲，面积为15.2平方公里；而夜郎村区域大部分被囊括在夜郎谷峡谷风光景区中，成为旅游业务的核心承载区。

在自然资源方面，据测定夜郎谷谷长15千米，最深处232米；底谷最宽41米，窄处仅6.8米，河床落差达102米。夜郎谷三步有景、百步藏险，蔚为奇观。沿1072级"千步云梯"慢慢往下，于石阶上俯瞰源头，亿万年来不断被风水侵蚀的山石，凸起的壁立千仞，凹陷的峡谷幽深。

在休闲康养方面，万山的海拔相对铜仁高出三四百米，因此本地与铜仁市区温度相比凉爽5~6℃，同时又与湖南新晃接壤，因此在康养住宿方面具有独特的地理区位优势。此外，该峡谷地貌以垂直为主，坡度很大，即使夏天光照也不能直达谷底，因此在谷底形成了一个饱含负氧离子的小气候，这也是城郊景区所罕有的独特优势。

2018年8月15日，连玉明院长与夜郎村驻村干部陈英交流夜郎谷景区开发建设情况。

2. 文化资源

一是以丹砂古道为代表的丹砂文化。万山自古以来都是中国丹砂的主要产区，据夜郎谷千年丹都旅游项目品牌策划、海龙城文旅公司的倪磊介绍，目前有史可考的丹砂文化可上溯至战国末期。万山丹砂的开采先后经历了"巴寡妇清经营丹砂产业""唐朝供砂光明砂（也称辰砂）""英法殖民掠夺矿山资源""万山'爱国汞'"等关键历史节点。由于万山古代并无大型旱路运输道路，因此丹砂的运输也同其他石料、木料一样通过水路，即在码头经舞水和锦江（古称"辰水"）运输至湖南再发往全国各地，而夜郎也处在此关键节点上。

二是以屯堡为代表的屯兵文化。据夜郎村村监委会主任、伍家田组组长张小进指引，调研组在夜郎村及小湾村考察了古建筑遗址11处，这些建筑遗址都分布在山顶，每个遗址点遥相呼应，遗址留存大规模城墙，这些墙体由青色石灰岩叠砌，多呈圆形状，城墙均有防守出入口。墙体厚度约50厘米，高1.5至3米，墙体均有垛口，城墙内遗存有石阶、石柱、石台、瓦片、水池、大坑。这些遗迹主要是明清时期的屯哨，承载着军事防御的功能，属于政府和民间合力建成的重要屯兵文化。此外，在当地的刘家组、苏家组、伍家田、屯坪组等地，有大量沿用至今或者正在保护的老旧民居，其建材种类包括土、木、石、砖四大类传统材质，修筑时间节点跨度达百年以上，形成了丰富立体的建筑景观。

三是以蠥锣为代表的民族文化。夜郎村居民以侗族为主，是北侗风情村镇发展片区的重要组成部分，蠥锣文化是其保存最完善的民俗文化。同时，该村还有全区唯一的回族聚集区"猫坡"，该地区的回族百姓至今已有300多年的历史，保存着特定的民族传统习俗。

四是理学堂所代表的书院文化。夜郎村所辖杨木桥组不但是周边唯一遗存的道士村落，属正一派道士，其道家内丹功对健康养生具有借鉴价值；同时，杨木桥的理学堂还存留百年教科书一册，即1916年的《佛门科范全部》，并存有彩绘神仙图谱十余页，是宝贵的书院文化遗产。

五是扑朔迷离的夜郎文化。历史上的夜郎古国幅员辽阔，是汉代西南夷中较大的一个部族，其地域大致是今贵州及湖南西部、广西北部一带，同楼兰古国、滇国并称"中国三大神秘古国"，当地仍部分保存的巫傩文化、竹王崇拜、竹工艺、石刻艺术是其文化存留的证明。

3. 区位优势

从区位理论出发，一个地区所属的地理空间及同周边地区的联系共同决定了当地经济、社会、文化的发展前景，特别是旅游业发展趋势更易受到周边交通、人口、旅游资源、文化资源的影响。

从旅游区的分布来看，主要有铜仁市和中国西南两大坐标系。就铜仁全域（特别是万山）而言，夜郎村地处"万山汞都——夜郎谷风景名胜区"中四大景区之一，同万山汞都、老山口林海、中华山形成了联动协同的发展格局；可有效吸纳、疏散来自梵净山与铜仁古镇的客源，扩大了铜仁"一带两核"①旅游区的经济辐射范围；是北侗风情村镇发展片区②的重要节点，位列万山区十大特色村寨之中。此外，随着近年来交通设施的改善，在原有铜仁南站、320国道、玉铜松快速干

---

① "一带两核"，指梵净山沿太平河、锦江河至铜仁主城区旅游观光带和梵净山景区、铜仁主城区两核的精品旅游线路。

② 资料来源：铜仁市政府办公室，《铜仁市"十三五"少数民族特色村镇保护与发展规划》，铜仁市人民政府网，http://www.trs.gov.cn/。

道基础上，新建成的高铁朱砂古镇站、铜仁凤凰机场还为夜郎谷的游客集散及其他经济活动提供了更好的支撑。

从更宏观的角度来看，自湖南张家界起，向安顺黄果树瀑布方向，在这条东北至西南的轴线上依次布局有凤凰古城、松桃（豹子岭）、铜仁（梵净山）、凯里（千户苗寨）、贵阳（青岩古镇）等著名旅游区；而从人口布局来看，其北部的重庆，东北的张家界、凤凰，东部的怀化，西南的凯里，西部的贵阳均保有庞大的人口数量或游客数量，且经济发展相对较好，为夜郎谷后期的运营提供了广阔前景。

（二）景区开发面临的困难及问题

在实际调研过程中，课题小组分别访谈了乡政协工委主任和包村干部刘德意、驻村干部陈英、村主任刘祖兴等人，了解到夜郎村在2000年有过一次为期2年的小规模景区开发，设置有千层云梯、峡谷漂流等景点，并在2017年启动了蒙古风情园的建设。两次农旅项目的开展为夜郎村旅游区开发探索出许多有益经验，也遇到了一些值得注意的问题。

在对夜郎村包村干部的访谈中，高楼坪乡政协工委主任刘德意表示，夜郎谷景区发展建设的主要问题在于当地的服务与现代旅游需求还存在较大差距，他指出：一是配套设施缺乏，影响景区旅游质量而处于半闲置状态，可享受的服务少，导致平均可停留时间很短，满足不了"深度"旅游需求。二是主题创意不足，影响景区旅游吸引力。景区产品平庸，缺少夜郎古韵精髓，特色、可回味内容少。三是无规范的经营机制，影响景区市场竞争力。夜郎谷景区仍无专人管理经营从而影响景区服务品质，且自主调整经营策略的欲望不强。在实地考察中，夜郎村监委会主任张小进还向调研组反映，未来景区开发中可能会涉及征地拆迁的问题，当地普通群众由于文化程度不高和经营意识不足，许多人倾向于获得一次性的现金征地补偿，而以土地入股、发展村集体经济、参与景区建设的意愿不强，对当地生态植被、文物古建、传统手工艺等的保护也普遍不关注。而在和景区开发商的交流中，海龙城文旅公司品牌项目总监倪磊表示，当地的传统民俗、文物遗迹随着汉化的加深和时间推移而日渐式微，当地许多明清古建保护情况也很差，如邻近的小湾村水眼坪组原有的五排"排排屋"如今仅存留第一排。

综合当地政府、群众、开发商的意见[①]和实地调研的结果来看，导致上一次夜郎谷景区开发不足的原因，以及未来新景区建设中需注意的问题大致有五点。

一是经济投入不足，缺乏规范的经营机制，致使景区市场竞争力较差。当地在过去夜郎谷漂流开发中以个体经营为主，游玩项目单一，景区公共基础设施投入不足，也无资金疏通河道，削弱了水上活动的安全保障；同时缺乏专业的经营团队进行管理，影响景区服务品质，致使景区商业化发展程度较低。

二是生态文化遗迹保护不足，在夜郎谷景区所涉及的夜郎村、小湾村、兴中村三地，保存良好的原始林地仅剩小客寨国家公益林一处，同时木质、石制、砖土老式民居也未得到妥善保护。

三是民俗文化特别是民族文化未得到良好的继承。景区现有的特色内容较少，旅游产品平庸，降低了旅游吸引力，因此需要在民俗文

---

① 资料来源：刘德意，《关于加快夜郎谷景区综合开发的建议》，中国人民政治协商会议铜仁市万山区委员会提案，2017。

化多样性方面加强挖掘与活化。

四是居民素质有待提高，当地村民普遍是中学以下文化水平，多习惯贵州方言而普通话普及范围小，面向建成省级风景区的特殊要求，针对外来游客的接纳和融入存在一定的障碍。

五是知名度较低，以往夜郎谷的游客来源以铜仁、玉屏、新晃为主，而在贵州、湖南、湖北、重庆四省份的知名度则明显不足，也缺乏来往采风、拍摄、节庆的文化活动及作品。

五、对策与建议

龙衮九章，但挈一领。将夜郎村建成万山全域旅游、铜仁美丽乡村中的一座主峰，应以"活化旅游资源 打造丹都品牌"为核心，着力提升当地的承载力与资源要素的集聚度，进一步带动万山经济社会发展，为铜仁完善国家全域旅游示范区的建设提供支撑，具体建议如下。

在激发经济活力方面，一是加快传统农业向农旅业转型，即在原有的龙头产业蜜枣园基础上，弱化竹荪与蔬菜大棚的种植，引入以采摘和体验为主的观光农业，发展异地置业，将原有的农业技术和设施转移到周边区域，通过资金、技术、人才等多种入股形式带动周边产业转型发展；二是注重围绕旅游业中第三产业细分领域，如利用景区自然风光，联动朱砂古镇发展传媒影视业，推出以康养和远程医疗为主打的医疗旅游业、以朱砂丹青为主要题材和原料的艺术业、以山地赛事为主打的体育业等；三是拓宽资金融通渠道，引进大企业战略合作，特别是要建设好涵盖资金、信息、人才、文化、公共服务等要素的一体化大数据平台。

在涵养生态活性方面，一是加强原有的国家级公益林和地方公益林的保护，划定生态红线、农田保护红线及特有地貌景观特征范围边界，建立生态保护区域，保护喀斯特地貌、悬崖、巷谷、原始林地的原真性和完整性；二是自然景观方面在做好多样性保护的同时也要增强景观规划的协调性，可尝试大面积栽种枫木等植被，强化"丹都"整体风貌的统一性；三是做好旅游区未来的大气、水、土污染防治工作，制定景区环境保护条例，扩大生活垃圾处理和污水处理的设施建设和运维范围。

在抓好民俗活化方面，一是针对侗族、回族、苗族、汉族等不同民族的文化风俗，取其精华去其糟粕，重点活化有代表性的民俗活动，如侗族的矗锣、回族的开斋节、苗族的歌舞以及传统汉族节日等；二是做好景区及周边民居的景观规划，对现有的土、木、石、砖四类老

2018年10月17日，调研四组访谈夜郎村伍家田组组长张小进。

式建筑加以修缮保护，对新建民居加以统一的立面改造，风格可参考各自民族传统的建筑制式；三是促进民族文化多元发展，开办少数民族语言和文化的培训课堂，举办相关文化产品推介活动。

在带动居民活跃方面，一是加强宣传示范工作，选部分区域先行展开旅游区建设的试点示范，引导居民主动加入当地发展建设中；二是抓好素质教育，开设农村课堂和技能培训，全面提高周边区域的普通话普及水平，指导失地失业居民在旅游区就业，添补未来景区导游、销售、厨师、司机、保洁等职业的缺口；三是充分尊重当地居民的生活习惯和自主意愿，划定景区开发边界，保障原住居民的生活品质，减少游客和商家给当地居民交通、休闲、安全带来的负面影响。

在引入宣传活水方面，一是凝练万山精神，打响"丹都"①文化品牌，塑造城市社会风貌，使新的发展理念深入人心，在万山全域特别是关键区域的建筑命名、立面改造、景观设计上更加强调丹砂元素的统一性；二是加大景区文化宣传力度，借助文化名人和新媒体平台做好推介工作，高薪聘请宣传人才和团队，增加夜郎在周边区域和互联网络的信息曝光量；三是举办各类节庆赛事活动，组织邀请各界人士参与水墨丹青、文学、影视剧的采风和创作，举办登山、漂流、健步、攀岩、野营等山地赛事，举行以侗家节日为主的民族节日和文化表演活动，加快引进景区内旅住、游学、论坛、会议、康养等项目。

---

① 资料来源：《万山签约康养度假旅游项目，打造优秀度假旅游圣地》，搜狐网，http://www.sohu.com/a/253775657_161016，2018 年 9 月 13 日。

参考文献

1. 中共中央、国务院：《乡村振兴战略规划（2018—2022年）》，2018。

2. 《财政部贯彻落实实施乡村振兴战略的意见》，2018。

3. 《贵州省人民政府关于万山汞都——夜郎谷风景名胜区总体规划（2016—2030）的批复》（黔府函〔2017〕37号），2017年2月20日。

4. 铜仁市万山区转型可持续发展大调研组：《铜仁市万山区大调研组赴万山区高楼坪侗族乡预调研简报》，2018。

5. 《万山特区志》，贵州人民出版社，1993。

云雾中，半藏着苍翠的山坡；山坡下，葳蕤着丰茂的牧草；牧草前，咀嚼着老人的喜乐。

物件是老的好，还是新的好，这谁也说不清。因为我既爱这泪雨婆娑的翠瓦，也喜欢这冬暖夏凉的大棚。

吃一块青椒红椒点缀的脆香锅巴，咬一口甜糯醇香的棉菜粑粑。

告别了食不果腹的饥荒年代，迈上了丰衣足食的新时代小康。

创新实施四项举措
促进农村电商发展

——龙田村调研报告

2018年10月20日，铜仁市万山区转型可持续发展大调研第四小组朱盼盼、王琨赴龙田村开展了为期1天的调研。调研组主要围绕龙田村的转型可持续发展，与龙田村第一书记黎明杰、村支书龙声树、村委会主任杨清云等进行了面对面的座谈。在龙田村委会的安排下，调研组又深度访谈高楼坪乡副乡长、龙田村包村干部杨磊，并在其陪同下实地考察了龙田村的蔬菜大棚、葡萄种植地以及龙田水库等。

通过调研发现，龙田村在万山转型新阶段扶贫开发中在劳动力转移、人畜饮水、农田水利设施、通村通组道路等方面取得了长足的发展；但是在万山区社会经济全面高速发展的大环境下，龙田村在电子商务、社会转型等方面则发展缓慢。建议重点打造以万山区电子商务生态城为引擎、乡村电商服务站点为基础、县乡村三级物流快递为支撑、产业带动和创业扶贫为抓手、质量溯源为保证的农村电子商务体系。

一、基本概况及历史沿革

（一）基本情况

龙田村位于高楼坪侗族乡东南部，东经109°19′，北纬27°46′，东接关庄村，南依鸡公田村，西邻新庄村，北濒黄家寨组，平均海拔723米。其中心村距离乡政府6.5公里，区域面积6.85平方公里。有耕地总面积1145.5亩（其中，水田540.5亩、旱地605亩）。2010年由原夜郎村拆分为现在的龙田村，全村辖7个自然村（寨）、12个村民小组（其中把原白竹湾组合并到野狗拓组）。

龙田村原是高楼坪侗族乡的一级贫困村。截至2017年底，有村民294户、892人。其中贫困户88户、265人（2014年脱贫20户、87人，2015年脱贫13户、55人，2016年脱贫4户、5人，2017年脱贫48户、112人），2017年末有建档立卡未脱贫人口3户、6人，贫困发生率为0.67%。2018年7月通过国家贫困村退出验收。

龙田村村民姓氏以杨、吴、姚、刘、徐姓为主。截至2017年底，全村有劳动能力户263户、851人，有劳动力外出务工68户、142人。有党员28人，村干部7人，国家干部13人，致富能人4人；有低保户56户、79人（其中建档立卡户30户、36人，非建档立卡户26户、43人）；五保户10户、10人（其中建档立卡户10户、10人）；残疾户58人（其中建档立卡户24人、非建档立卡户34人）；危房改造户93户、262人（其中建档立卡户45户、121人，非建档立卡户48户、141人）。另外，截至2018年9月底，60岁以上老人数量168人，90岁以上老人数量1人，"三无"（无劳动能力、无收入来源、无子女赡养）人员数量9人。

2018年10月20日，调研四组与龙田村村委召开座谈会。

（二）基层组织

龙田村包村干部为高楼坪乡党委委员、副乡长杨磊；驻村工作队常驻队员有4名，分别为梁芳瑜、张帅、杨磊和杨正锋，均在2017年起任职；村第一书记为黎明杰，村支书为龙声树，村委会主任为杨青云，村监委会委员为吴之伦。

（三）乡村特色

1. 村名来历

主要有两种说法，一是地势之说。据龙田村村支书龙声树介绍，龙田村山地较多，坡度较陡，田地围绕着山坡像一条龙缠绕在山坡上，因此命名为"陇田村"，谐音为"龙田村"。二是民间传说。相传有一对师徒理龙脉，游历至此，口渴难耐，恰好遇到这里好客的寨子主人，舍了一碗甜酒，师徒为表感谢，赐名"龙田冲"。龙田冲这个地名一直沿用到"文革"时期。1981年，成立龙田村委会。2005年9月，龙田、铺前、猴冲合并为夜郎村，2011年9月，从夜郎村分出来成立龙田村。

2. 自然风光

龙田村所处地域属北温带大陆性季风气候，四季分明，年平均气温19℃，雨量适中，年均降水616毫米，光照充足，年日照时数2620小时，无霜期长达200多天，农业生产条件有利。村内河沟众多，景色宜人，山间桃杏播芳，古木蔽日。另有山塘4口。有林地300多亩，退耕还林地800余亩，草地300多亩，土地利用合理，可开发潜力巨大。全村土质肥沃，自然条件较好，是发展优质米、生态养殖、经果林的理想之地。

3. 支柱产业

龙田村目前在产业发展方面，主要有蔬菜种植大棚、"一户一亩"露天蔬菜、肉鹅养殖和中华蜂养殖。

4. 村寨特产

龙田村的主要出产物，包括蜜枣、香蕉、高粱、甜菜、桃子、番茄、油桃等。

5. 风土人情

每年龙田村村民自发组织以鼕锣和金钱舞为主要内容的文化活动。

二、基础条件及特色优势

(一) 交通基础设施

近几年来，龙田村的基础设施建设发生了根本性的变化。主要表现在：一是交通。田万公路穿境而过，交通十分便利。龙田村12个村民组干道现已全部硬化，连户路通到农户家门口。2017年，村委会进一步与区公路局对接产业园的通路问题，最终确定修建宽4.5米、长1公里的产业路，确保打通群众的"致富路"。二是饮水、用电。截至2018年9月底，全村294户全部通水、通电。万山区水务局为龙田村的龙田半坡、野狗拓、新屋场、电拓、寒棚组解决了饮水难问题。三是住房。2014~2017年共实施农村危房改造85户，易地扶贫搬迁5户，目前全村住房均有保障。四是通信。截至2017年底，全村"户户用"安装268户，实现4G通信全覆盖。

（二）公共服务设施和公共服务水平

按照生态宜居、乡风文明的发展方针，龙田村设置幼儿园、卫生室、图书室、老年文化活动中心、运动场地、文化宣传栏等公共服务设施，设备配置较为齐全。此外，龙田村广泛开展丰富多彩的农村文化活动，每年元宵节村民自主开展文化活动——鬐锣表演和金钱舞①。村文化站每年组织农村群众开展各类文艺活动3~4次，发现和培养了一批农村文化能人，使农民群众真正成为农村文化建设的主角。

（三）产业发展

龙田村立足山地资源禀赋，加快构建山地特色农业新体系。截至2018年9月底，龙田村集体经济主要涉及：蔬菜大棚、"一户一亩"露

---

① "金钱舞"，当地传承的一种传统民间艺术，主要以优美的舞姿摆动手中的金钱棒，给村民带来美好的祝福，寓意生活安康，金钱串串。

天蔬菜、肉鹅养殖和中华蜂养殖。其中大棚蔬菜种植是村集体经济的支柱产业，规模已达46亩6个大棚，2016年来已有55户贫困户入股该产业。此外，在贫困户主动参与村集体经济的过程中，该村还有6户贫困户积极拓展开发经营项目与范围，具体包括：毛笔山组杨誉斌养牛11头，种韭菜26亩；电拓组杨青树养羊50余头，养蜂2箱；电拓组杨代银养牛20头，养蜂2箱；电拓组杨代见养蜂2箱，桃树拓组张菊花养蜂2箱、姚保成养蜂2箱，进一步提升产业"造血"能力。

龙田村还成立了集体经济工作小组，明确职责分工，形成村集体牵头、村"三委"班子密切配合党群创业会成员民主决策的"三位一体"工作机制。龙田村村支书龙声树表示，不久之后，龙田村还将成立专门的财务机构，聘请专人管理，并健全完善财务管理制度，形成村党支部领导，村委会具体操作，村级理财小组、村监委会监督的管理机制，并定期对村级集体经济预决算、财务收支进行审计，对具体情况进行公示，以确保资金安全。

（四）村寨保护和文化传承

龙田村背北面南，四面群山环抱，茂林修竹衬托着古色古香的木制楼，蜿蜒的山路掩映在绿林青蔓中。村委会一直把村寨房屋建设纳入村规民约管理，将村内民居及附属建筑统统列为保护对象，严禁滥拆乱建，并明确规定不得在保护范围内修建与原有木结构吊脚楼不协调的砖房或洋楼。同时也注重对民俗文化的保护。村委会后山上一直保护着马脑壳的一颗铜钉，据说是明末清初时代保留下来的。

2018年10月20日，调研四组实地考察龙田村古建筑。

（五）乡村治理

为切实推进贫困村的环境治理，龙田村制订了具体实施方案，明确了整治工作责任、目标和保障措施，并将责任落实到人头。一是垃圾处理。公共区域每天一小扫、一周一大扫，住家户房前屋后各自负责打扫保洁；全村垃圾箱7个、垃圾桶24个，垃圾清运车1周拉1次，专职清洁工5人，每月工资1000元。二是"五改一化一维"。2017年龙田村实施"五改一化一维"246户，其中改厨191户、改水218户、改厕172户、改圈98户、改电71户、硬化178户、房屋维修201户。三是乡村民风。龙田村充分利用LED电子显示屏、黑板报、宣传栏、标语等平台，结合《村规民约》、《家规家训》、积德榜、"最美儿媳"等，不断提高村民文明卫生素质，引导村民树立主人翁意识，积极参与建设美丽家园。四是基层干部建设。龙田村发挥干群连心室和村支监"三委"

作用，利用干群连心室宣传党的方针政策，建立群众办事"直通车"，搭建干群"连心桥"，让村民诉求能在第一时间得到回应；定期召开龙田村村委会和村民代表座谈会，结对帮扶解民难、交心谈心顺民意、定期回访暖民心。

三、创新实践与发展模式

通过实地考察和走访发现，龙田村近几年在社会转型、集体经济、扶贫攻坚、文化建设和基层党建等方面取得了不错的进展，也形成了一些实践经验，尤其是以党支部、农家书屋、道德讲堂和村规民约等为依托，通过举办农业技术培训班等形式，积极打造"党支部＋道德讲堂＋农家书屋＋村规民约"文化阵地，让龙田村的乡村文化"活"起来。

一是党支部发挥党建引领作用。龙田村探索建设立体化的党建文化阵地，使辖区村民在浓厚的党建文化氛围中，感受基层党建工作传递的人文关怀。党支部设置党建制度墙，时刻提醒党员不忘权利与义务。每一季度印发《支部活动简报》，宣传党员晋星制和党员"双诺"机制[①]，永远跟党走，打造"十九大精神"宣传墙，让红色文化在居民区中传承与弘扬，传递了无穷的正能量。

二是设立"基层道德讲堂"吸收知识养分。龙田村以每个季度至少一次会议的频次，一次一主题，主要通过"身边人讲身边事，身边人讲自己事，身边事教身边人"，精心谋划，全力推进，在加强公民思

①　"双诺"机制，即实名举报双向承诺书。

想道德建设、推进社会主义核心价值观主题实践活动上发挥了巨大作用。另外，龙田村建立积德榜，将身边好人事迹记入积德榜，充分体现了群众性、开放性和灵活性，推动社会主义核心价值观大众化、平民化，更接地气。

三是依托"农家书屋"开展文化惠民活动。建立健全农家书屋阅读反馈机制，针对村民所需合理采购与农民紧密相关的书籍报刊，例如科技类农业科技图书、教育辅导用书、政策法规周刊以及生活文艺类图书等，使"农家书屋"的服务更接近村民生活，在农村文化建设中发挥更大的作用。同时，龙田村"两委"委员兼职农家书屋管理员，坚持常态开放书屋，常态开展读书引导活动，为农民始终敞开书籍的大门。

四是推出《村规民约》加强"乡村治理"。根据实际情况制定村规

2018年10月20日，调研四组实地考察龙田村幼儿园设施。

民约，通过召开村民会议进行讲解，并把《村规民约》张贴到广场、道路两旁显眼的位置，引导群众自觉遵守《村规民约》。村支监"三委"每周通报《村规民约》执行情况及违反规约的农户和个人，并依照《村规民约》评选先进农户，授予"最美""优秀""先进"等系列荣誉称号，发放奖励品。"大家评选我为最美儿媳，我非常高兴，也很激动，我回去后一定会继续发扬中华民族的传统美德。"寒棚组村民阳金江脸上洋溢幸福的笑容。

四、突出问题及原因分析

虽然在万山区转型发展中，龙田村取得了不错的成绩，但在经济转型、社会转型、文化转型等方面还存在一些问题，较为突出的问题是农村电子商务发展存在诸多限制因素。

一是农村电商挑战农村传统的交易模式，农民"触网"意识不强。入户调查得知，龙田村有近80%的群众不会上网或者没有在网络上买过东西。很多农民家庭虽然早已拉上了网线，拥有了电脑，但大部分是为了在外学习或工作的子女回家时使用方便，毕竟在家务工的农村年轻人占比不高。可见，农民的电商消费理念需要一个长期的培育过程。长期以来，农民已习惯于当面交易和实体店购买模式，对网络购物比较陌生，且存在一定程度的不信任感。

二是信用、物流、支付等服务业发展滞后。一方面，龙田村金融服务机构较为短缺，网上金融滞后，这导致农村金融服务供给总体不足，农村资金需求难以得到有效满足。另一方面，网上银行、手机银行的服务普及率还较低，农民群众还是更加习惯于依赖邮政储蓄和信用社等农村金融机构来开展资金结算。入户调查得知，龙田村大部分村民没有听说过或者不会使用移动支付 APP。

三是多数电商企业对农业不熟悉。对农产品布局、经营方式、货源分布不清楚，对农资监管、运输、使用要求不了解，对分等定级信息不明白，这在很大程度上限制其推动农业电商的发展。龙田村包村干部杨磊说："在老百姓观念中十分丰富的农产品，真摆到桌面上却并不符合政府规定的特色农产品资质，也不符合电商对农产品的资质和标准化要求，根本无法实现网络销售。"

四是缺乏涉农电商人才的可持续供应机制。龙田村外出务工就有68户，村里没有懂管理运营、可实践操作、具备资源整合能力以及一定的种植农产品实践经验的专业人才。同时，当前龙田村的青壮年因为农产品市场的严重不振而选择到城市打工，这在很大程度上让农村电商的发展成效不佳。

五、对策与建议

针对龙田村的实际问题，调研组提出了一些建议。重点打造以万山区电子商务生态城为引擎、乡村电商服务站点为基础、县乡村三级物流快递为支撑、产业带动和创业扶贫为抓手、质量溯源为保证的农村电子商务体系。

一是加强对农村电商人才的培训，培养农民的电商消费意识。充分发挥龙田村"讲习所+道德讲堂+农民书屋"的优势，积极普及电子商务的发展趋势、经营模式及如何帮助农民致富等相关内容。

二是完善农村电商基础设施，补齐农村电商发展硬件短板。龙田

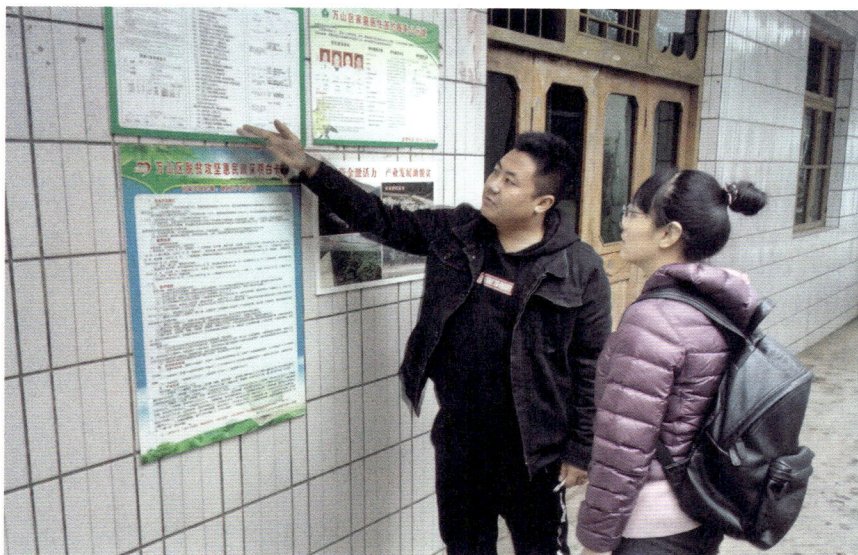

2018年10月20日，调研四组了解万山区"四卡合一"公示牌。

村农产品进城的物流体系尚处于初级阶段，物流集散能力较为薄弱，要逐渐完善农产品产地预冷、全程冷链配送等冷链物流基础设施，通过完善全国农产品流通的骨干网络，构建鲜活农产品直供直销体系。同时，还应建立健全适应农村电商发展的农产品质量分级、采后处理、包装配送等标准体系，并开展电子商务进农村综合示范。

三是发展农村电商要加快培育流通主体，提高农村流通组织化程度。推动农产品经销商实现公司化、规模化、品牌化，提高产业集中度。扶持培育一批网上网下一体经营的大型农产品流通企业、农业产业化龙头企业、运输企业和专业合作社及其他农业合作经济组织，促进其做大做强。借助农村电商契机突出发展农村流通中介组织及龙头企业，推进农村流通体系组织创新。

四是积极探索农村电商领域金融服务模式。一方面，推进农村支付环境建设和金融知识宣传教育。应进一步加快发展网上支付、电话支付、手机支付等新型电子支付业务，提高农村地区支付结算效率，全面改善农村金融基础设施，切实解决金融服务"到村"问题。另一方面，依托助农取款服务点发展农村电子商务，提高农民对农村电子商务的了解程度，建立农村电子商务线下发展平台。此外，在助农取款服务点已有的基础功能上，根据农村地区居民的实际需求，增加助农取款服务点的服务种类，为农民提供转账、残损人民币兑换等金融服务。

参考文献

1. 铜仁市万山区转型可持续发展大调研组：《铜仁市万山区调研组赴万山区高楼坪侗族乡预调研简报》，2018。
2. 中共中央、国务院：《乡村振兴战略规划（2018—2022年）》，2018。

有一支绿军装哨兵，很早就驻扎在这里了，任风来雨去，他们一直都守在夜郎谷的南大门，看管着兴中老人留给子孙的财宝。

乡愁是什么？是一道山峦，一座祠堂，一阵蛙鸣，一个草垛，一缕炊烟，一位归人。

我想在屋后种两棵芭蕉，等雨来便可以述一夜儿女情长；我想在庭前植一树蜜枣，等风来便又能拾一把孩童欢笑。

加强基础设施建设
推进边际联动发展

——兴中村调研报告

2018年10月21日，铜仁市万山区转型可持续发展大调研第四小组朱盼盼、王琨赴兴中村开展了为期1天的调研。调研组分别与兴中村主要领导进行了座谈，走访了兴中村党务工作室、兴中村互助幸福院、梓木坪学校、兴中村便民服务站等多个地点，深度访谈了兴中村村支书刘昌新、驻村干部杨建、兴中村小学原校长刘昌建、兴中村致富带头人刘旭中等。

通过调研发现，兴中村属于典型的省际边界区域①，在乡村治理、社会转型和文化建设等方面发展基础较好，但在基础设施联通、资源合作开发等方面存在一些问题，调研组建议兴中村从注重发挥地方各自的积极性向更加注重区域协同发展转变，统筹推进相互间的合作，实现优势互补、互利共赢的协同发展。

---

① "省际边界区域"，指两个及以上省（自治区、市）之间的接壤区域，是一种特殊的区域发展类型，在资源禀赋、发展水平上相近，在区位上存在天然的合作基础，但又受限于所属省域的行政管辖与政策制约，较难形成协同发展态势。

一、基本概况及历史沿革

(一) 基本信息

兴中村位于高楼坪乡最南部，距离乡政府8公里，地处东经109°17′，北纬27°43′，区域面积5.85平方公里，平均海拔715米，与湖南省新晃侗族自治县方家屯乡何家田村接壤。全村耕地总面积1248亩（其中，水田934亩、旱地314亩），辖7个村民小组（大拱桥、雷公井、梓木坪、猴冲、小客寨、大客寨、娥踏）。全村姓氏以刘姓和周姓为主。

兴中村为高楼坪侗族乡的非贫困村。截至2017年底，有村民351户、1153人。贫困人口方面，有贫困户58户、204人（2014年脱贫9户、34人，2015年脱贫7户、31人，2016年脱贫3户、8人，2017年脱贫35户、127人），2017年末有建档立卡未脱贫人口4户、4人，贫困发生率为0.38%。劳动力方面，全村有劳动能力户335户、688人，有劳动力外出务工136户、512人。有低保户36户、53人（其中建档立卡户21户、34人）；五保户2户、2人；残疾户46户、46人（其中建档立卡户19户、19人，一、二级残疾16户、16人）；危房改造户72户、264人（其中建档立卡户25户、85人）。党员干部队伍方面，有党员30人，村干部9人，国家干部17人，退伍人员14人，致富能人38人。另外，截至2018年9月底，全村60岁以上老人数量209人，90岁以上老人有1人，"三无"（无劳动能力、无收入来源、无子女赡养）人员4人。

(二) 基层组织

兴中村包村干部为乡党委委员、政协工委主任刘德意；驻村干部为杨建，2015年3月起任职，此前职务为万山区编委办科员；驻村队员有王小玲、杜兴梅。村支书和村委会主任为刘昌新（2011年10月上任），村监委会主任为刘远刚（2016年12月到任）。

（三）乡村特色

兴中村原名猴冲村，2005年并入夜郎村，2011年单独设置行政村，命名为兴中村。

自然风光方面，兴中村位于贵州省最东部的万山区，与湖南省最西部的新晃侗族自治县接壤，紧靠夜郎谷风景区。另外，国家4A级景区九丰农业博览园坐落在兴中村大拱桥组。产业发展方面，兴中村主要的产业发展项目为大棚蔬菜、一户一亩菜园和中华蜂养殖。村寨特产方面，兴中村的蜜枣种植历史悠久，种植数量庞大，蜜枣品质好，具有很好的口碑和知名度。

二、基础条件与特色优势

（一）地理区位

兴中村地处两省（贵州省和湖南省）两市（铜仁市和怀化市）交界处，高楼坪乡兴中村与方家屯乡何家田村为接边村，阡陌互通、山水相依、民风相通、经济相融，是高楼坪乡通往湖南省的重要门户。兴中村村民每月参与湖南省新晃县赶集活动，甚至在新晃县办理储蓄业务或者享受医疗服务，这在一定程度上促进了人流、物流、资金流等跨省要素流动与信息传递。

2018年10月21日，调研四组实地考察兴中村住宅情况。

（二）基础设施

一是交通。截至2017年底，兴中村8个村民组干道已全部硬化，连户路通到农户家门口。二是水、电。截至2017年底，全村348户全部通水、通电。三是住房。2014~2017年共实施农村危房改造63户，易地扶贫搬迁3户，目前全村无人居住在危房。四是通信。截至2017年底，全村有线电视、4G信号全部覆盖。

（三）公共服务

公共服务设施方面，兴中村设有村幼儿园、卫生室、图书室、老年互助幸福院、计生室等公共服务设施，全村共建有5个广场，并配备文体健身设施。公共服务水平方面，截至2017年底，全村建档立卡在校学生31户、44人，享受教育资助共计3.04万元；全村6~16周岁村民无一人因贫失学。政府代缴合作医疗保险58户、204人，2017年健康扶贫政策措施到户资金共计28.63万元。

（四）集体经济

兴中村集体经济有两类：一类是蔬菜大棚，兴中村大拱桥组与九丰农业合作，按照学习"走进去"、技术"请回来"的双向措施，解决标准大棚设施质量、栽培技术和销售渠道等问题。截至2018年9月，建设面积300余亩，正在建设当中。另一类是中华蜂养殖。截至2017年底，全村共养有中华蜂50余箱。此外，全村12户贫困户发展家庭种养殖产业均已享受产业奖补政策；全村58户贫困户2017年产业扶贫政策措施到户资金共计17.87万元。全村共有种养殖大户5户。

2018年10月21日，调研四组实地考察兴中村猕猴桃种植情况。

（五）乡村治理

环境卫生方面，兴中村全村8个组已配备专职保洁员、垃圾箱，并每天坚持打扫，确保公路及各组环境卫生干净整洁。"五改一化一维"方面，2017年全村实施"五改一化一维"218户，其中改灶178户、改厕94户、改水182户、改圈20户、改电42户、硬化118户、维修53户。文化阵地建设方面，村委会工作组坚持每周例会制度，学习相关政策及各级会议精神；全村4个组设有宣传栏，各宣传栏张贴扶贫政策和党的十九大精神宣传册。

三、创新实践与发展模式

经过实地调研发现，兴中村在乡村治理、公共服务、社会转型等方面取得了明显的成效，其中最具代表性的是兴中村因地制宜推行"户分类、村收集、乡转运、区处理"的农村垃圾处理模式，逐步建立完善村、乡、区三级垃圾收集处理长效机制，农村生活垃圾得到有效治理，村容村貌进一步美化。

户分类。建立完善兴中村的《村规民约》，落实农户"门前三包"责任状，定期开展卫生评比活动等，引导群众自觉自愿、增强主人翁意识，发挥主体作用，把保洁工作变成群众的自觉行动，每人每月收一元，所收取的款项用于奖励文明卫生模范家庭，增强群众的参与意识，形成"政府主导、农民主体、社会参与"改善农村人居环境、建设文明乡村的良好社会氛围。倡导农户垃圾分类处理。兴中村生活垃圾主要分为四类：一是厨余垃圾，主要是食物残渣、果壳瓜皮、煤类等；二是有毒有害垃圾，主要是废旧电池、废旧灯具、过期药品化妆品等，收集到特殊废旧垃圾池；三是可回收垃圾，主要是废旧报纸、杂志、旧书等，回收到兴中村废旧物品回收点；四是其他不可回收垃圾。

村收集。按照每个村民小组一个垃圾桶，一个垃圾桶不超过10分钟路程的原则，全村垃圾箱7个、垃圾桶26个，有1个特殊废旧垃圾池和1个废旧物品回收点，垃圾清运车1周清运1次。全村配备保洁员4名，要求每天一小扫，一周一大扫，每家每户负责各自房前屋后的打扫保洁，实现了农村公共区域清扫保洁全覆盖。

乡转运。兴中村按每50人配置1个垃圾收集桶，设置一个垃圾收纳点，有一台以上垃圾清运车，定期对各组收集点的垃圾进行清理转运。对于不同类型的垃圾分类施策：对于厨余垃圾，主要是就近挖坑掩埋堆肥，还田还土。对于有毒有害垃圾，统一运送到区级再生资源回收中心进行分类无害化处理。对于可回收垃圾，运送到乡镇废旧物品回收站后统一转运区级废旧资源回收企业。对于其他不可回收垃圾，统一由兴中村收集后运往铜仁海创垃圾发电厂进行无害化处理。

区处理。万山区环保部门负责统一接收处理各乡转运的垃圾，实现无害化处理。高楼坪乡还建立"政府主导、多方筹措、以奖代补"的资金保障机制，统筹村级运行维护、基础设施建设、环保、公益性岗位等项目和资金，调动帮扶单位支持一点、企业赞助一点、成功人士捐一点、村民自己集一点，保障村级保洁员聘请、垃圾处置设施建设和清运费用。

四、突出问题及原因分析

调研组经过实地调研发现，兴中村作为典型的省际边界区域，老、

2018年10月21日，调研四组实地考察兴中村国家公益林保护状况。

少、边等特点明显，断头路较多，基础设施配套建设层级低；长期处于重大投资和招商引资的边缘区域；要素流失加剧，建设项目难以落地等，具体来看主要包括以下几个方面。

一是行政区划管辖制约两地协调发展。高楼坪乡的兴中村与湖南省怀化市新晃县的何家田村在自然地理条件、民风民俗等方面总体相近。同时，兴中村和何家田村也都是夜郎谷自然风景区资源开发的中心辐射区域，但两村却归不同省份管辖。尽管兴中村和何家田村两地都有实现经济一体化发展的主观愿望和客观条件，但分属不同的行政区划在两者之间筑起一道无形的屏障，阻碍了两地更好地携手发展。

二是存在严重的交通"瓶颈"。兴中村地理位置较为尴尬，距离湖南省新晃县步行只需10多分钟的时间，开车反而需要40~50分钟，多年累积的省际"断头路"问题亟待解决。据兴中村村支书刘昌新介绍,"断头路"迟迟得不到解决主要有两方面原因:一方面,兴中村边界"线长面广",产业基础薄弱,经济发展速度缓慢,与以文化旅游为主要收入的何家田村整体经济水平差异较大。另一方面,这条路地形复杂,山地路段较多,坡度落差较大,海拔平均800米以上,致使其存在较大技术难度,工程造价也较高。

三是产业结构调整难度大,没有可以引领村集体经济发展的龙头企业。兴中村与何家田村相比,产业基础薄弱,经济发展速度缓慢,全村除依靠蔬菜大棚、林带、蜜枣等项目外无其他收入,村集体经济来源十分单一有限。近年来,在高楼坪乡的整体规划下,虽然兴中村形成了初具规模的"一村一品"产业布局,但受科技创新能力低、产业链条短、品牌不响、实力不强、行业恶性竞争等因素影响,发展空间受到制约,无法形成真正有特色的主导产业,不能有效带动相关产业的发展。同时,村集体收入相对其他村庄整体偏低,无钱办事的问题较为突出,也间接影响了村党支部的战斗力、凝聚力和创造力。

四是资源开发程度低,对振兴农村经济的贡献有限。一方面,兴中村和何家田村在资源开发方面存在各自为政的现象,资源与资金没有形成有效合力。在资源开发中片面强调对乡村自然资源的开发,而忽视了乡土文化、乡村民俗等文化内涵的开发,再加上对乡村旅游文化狭义和片面的理解,忽视了对农村其他资源的开发和利用。另一方面,兴中村资源开发集中于旅游休闲与观光农业,而对乡村文化传统和民风民俗资源的开发不够重视,过分依赖农业资源,缺乏文化内涵,地域特色不突出,致使乡村旅游对振兴农村经济的贡献有限。

五、对策与建议

关于兴中村未来发展的问题，调研组建议从注重发挥地方各自的积极性向更加注重区域协同发展转变，统筹推进相互间的合作，以区域规划统筹发展为整体框架，协调机构或平台引领区域有序开发，以区域一体化畅通要素产品的自由流动，以分工协作提升整体发展效益，以培育边界中心区域强化发展的辐射带动作用，以加大财政投入促进后发区域提速，真正实现优势互补、互利共赢的协同发展。

（一）优化生产要素有序流动的平台和渠道

作为省域边界区域，限制了农村土地、人力资源等各种生产要素的最优化流动。调研组认为，走出兴中村的发展困境，首先要借助"党组织 + 讲习所 + 道德讲堂"等多种形式，增强省级边界认同感和树立区域整体意识；其次地方政府要在优化劳动力、土地、资金等各种生产要素跨区域流动的平台搭建和渠道创新上下功夫。可以考虑在农村土地流转经营方面优先探索。一方面，搭建农村经营土地流转平台，全面铺开农村土地流转经营权抵押贷款，促进农村经营性土地的规模化、标准化、产业化经营。另一方面，建立健全区、乡土地流转服务中心和村级土地流转服务站"三位一体"服务网络，以及"村组服务、乡镇交易、区市监管"的土地流转服务体系。

（二）优先加强省际边界区域的基础设施建设

一是建立跨区域工作协调机制，共同推进前期审批工作。积极协调政府有关部门，进一步加强省际区域基础设施建设，加强统筹协调，形成共同推进省际"断头路"建设的工作合力，实现省际基础设施的全面对接。二是考虑政府预算内资金向省际基础设施项目建设倾斜，具体可从金融、信贷、项目审批、土地等方面，对现有的与相邻区域尚未连接相通的公路项目予以优先安排和资金倾斜。三是制定逐步优化省际基础设施的规划、年度计划。尤其是政府有关部门、投资融资平台公司、承接建设省际基础设施项目责任方等抽调人员组成"精干力量"，实地勘察高楼坪乡兴中村大克寨与新晃县大湾罗乡合家田村"断头路"，收集好第一手资料，为后续开展"断头路"工程建设提供依据。

（三）培育村级龙头企业带动村集体经济

在推进兴中村一二三产融合发展、培育农业发展新动能过程中，

2018年10月21日，调研四组实地考察兴中村老建筑修缮情况。

建议引进农牧业和服务业龙头企业，不断加大引资力度、争创名优品牌，健全物流、配送、追溯等服务体系，延伸产业链条，培育产业化经营核心力量，提高带动辐射能力。培育高楼坪乡本地民营企业，深度挖掘农业观光、休闲、生态价值，运用电子商务等现代化发展方式，打造一批集采摘、休闲、体验等于一体的园区。在龙头企业的辐射带动下，引导省际边界区域统筹协调、高效发展，促使边界区域产业结构更趋合理，更好地推动省际边界地域共同发展。

（四）打造省际边界旅游资源联动开发区

兴中村和何家田村紧靠夜郎谷自然风景区，应该发挥资源的共享特点，打造省际边界旅游资源联动开发区。在旅游资源开发前，两地政府相关部门应合作制订省际边界旅游资源开发工作方案，签订"共建文化旅游战略合作协议"，明确双方的权利和义务，建立资源共享、互惠互利的区域性旅游开发区。在旅游开发过程中，可以构建特色鲜明而又满足多元需求的产品体系，将民族风情、历史文化遗存和自然风光等旅游资源有机结合，打造精品旅游产品，树立鲜明的区域旅游整体形象。

参考文献

1. 中共中央、国务院：《关于实施乡村振兴战略的意见》，2018年1月2日。
2. 张亮、刘义成：《我国省际边界区域发展问题及对策研究》，《经济纵横》2015年第7期。

3. 李琳、曾巍:《地理邻近、认知邻近对省际边界区域经济协同发展影响机制研究——基于对中三角、长三角省际边界区域的实证》,《华东经济管理》2016年第5期。

名山巧式如金钟，只是乾坤造化工。遥望崔嵬灵秀色，令人误认
小孤峰。——《水眼坪八景诗》

青色石墙、石柱、石台都被厚厚的青苔包裹，外部荆棘丛生，皆是岁月的味道。

　　楼栏廊柱之上，花格漏窗之间，缠绕着一种木香盘桓不散；墙头残留着少许彩绘，墙顶的青石上镂着泥塑浮雕，古朴厚重，承载着吴氏一族的故事和文化。

让"排排屋""老祠堂"焕发新生

——小湾村调研报告

2018年10月17~19日，铜仁市万山区转型可持续发展大调研第四小组陈盈瑾、李明星赴万山区高楼坪侗族乡小湾村开展了为期3天的调研。调研组与村支监"三委"举行了以"小湾村发展情况与经验"为主题的座谈会；实地考察了小湾村农丰绿色蔬菜大棚、中华蜂养殖基地、船拓坉坡古遗址及水眼坪"排排屋"；了解了小湾村的发展史及扶贫产业规模和收益分配等情况；走访了吴万成（男，老党员）、吴年宏（男，村医）、杨兴文（男，组长）等12户，并重点对喻华云（男，第一书记）、杨翠珍（女，致富带头人）、吴德湘（男，德高望重老人）等进行了专访。

通过调研发现，小湾村属于特色保护类村庄，地理区位条件相对优越，历史文化特色资源较为丰富。但是，小湾村在文化保护方面问题突出，亟待加强遗址保护，盘活文化资源，形成特色文化资源保护与村庄发展的良性互促机制。

一、基本概况与历史沿革

小湾村距离乡政府2.5公里，四面与高楼坪村、夜郎村、龙田村和羊尾舟村相接，远近闻名的江南水乡·滨河公园、九丰农业博览园位于该村与大树林村交界处。

小湾村辖区面积为14559.88亩，其中耕地总面积985亩（水田650亩、旱地335亩）。全村有洛子山一组、洛子山二组、杉木湾一组、杉木湾二组、蔡家坪组、船拓组、小湾组、水眼坪组、上排组、中排组和下排组，共11个村民组，村民以侗族为主，还有少量彝族、土家族、苗族、黎族、回族和汉族。

人口方面，截至2018年6月，全村292户、905人，以吴姓为主，约占80%。其中，60岁以上老人157人，90岁以上老人仅杉木湾二组吴乐

2018年8月15日，连玉明院长调研小湾村水眼坪组基础设施建设和人居环境整治情况。

庭1人。全村有劳动能力户281户、546人，有劳动力外出务工64户，外出务工134人，无"三无"人员。有党员26人，村干部7人，致富能人4人。

脱贫攻坚方面，小湾村原为二类贫困村，共有建档立卡户50户、143人（2014年脱贫0户，2015年脱贫8户、27人，2016年脱贫27户、92人，2017年脱贫13户、22人），2016年实现整村脱贫出列。2017年末有建档立卡未脱贫人口2户、2人，贫困发生率为0.2%。全村有低保户40户、62人（其中建档立卡户19户、34人）；五保户7户、7人；残疾户44户、49人（其中建档立卡户19户、22人）；危房改造户59户、206人（其中建档立卡户17户、49人）；重病户5户、25人（其中建档立卡户1户、5人）。产业扶贫方面，小湾村蔬菜大棚项目与50户建档立卡户形成利益联结，2017年实现分红7.65万元，每户分红1500元。此外，部分建档立卡贫困户与万山九丰现代农业科技有限公司形成利益联结，2017年实现红利6.4万元，每户分红1600元。

基层组织方面，小湾村村支监"三委"成员包括村支书吴培明、村主任吴万宽、监督委员会主任吴剑锋。第一书记喻华云2016年3月任职，原为铜仁市国土资源局万山分局基层所所长，负责土地资源管理。此外，驻村干部还包括梁建毛（计生协会专职副会长）、唐娇、邱俊铭、姚红等人。

二、基础条件与特色优势

（一）基础条件

1. 交通网络

小湾村西连九丰公路、南连农田公路、北有高楼坪至小湾公路和羊尾舟公路。通过积极实施"组组通"①工程，2017年鸡公田—九丰路段通组路实现硬化，硬化1.5千米；通过全村庭院硬化工程，全村实现户户通水泥路，完成面积1.05万平方米。机耕道建设项目中1.2米宽、10厘米厚规格机耕道已硬化4300米，3.5米宽、15厘米厚规格机耕道已硬化200米。此外，小湾村实施多彩贵州"广电云"户户用工程。以户为单位，免费为247户接通了有线电视。

2. 公共服务

住房保障方面，小湾村2014年农危改12户，2015年农危改12户，2016年农危改29户，2017年农危改6户，2018年农危改11户，截至目前，全村已全面完成危房改造工程。

医疗保障方面，所有参合普通群众享受农合补偿、大病报销、民政医疗救助"三重医疗保障"，建档立卡贫困户额外享受医疗扶助和万山区贫困患者住院医疗费用兜底政策，即"五重医疗保障"。其中，2017年免费代缴农村合作医疗金2.1万元，免费代缴大病医保参保费1.43万元，农户累计住院保障268人次，获各类医疗保障15.14万元。

教育保障方面，全村141名学龄儿童全面普及九年义务教育，其中建档立卡户中在读大专及以上3人、中专1人、高中3人、初中3人、小学8人、学前教育3人。2017年共享受市级资助3.32万元。

3. 产业发展

一是构建"二长一短"②的扶贫产业体系，成立农丰绿色种养殖农

---

① "组组通"，贵州省农村"组组通"公路三年大决战项目于2017年8月启动，计划到2019年完成全省39110个村民组通组公路硬化建设，实现30户以上村民组100％通硬化路。

② "二长一短"，即两个长期产业和一个短期项目，小湾村长期产业为大棚蔬菜种植、中华蜂养殖，短期项目为一户一亩菜园产业项目。

民专业合作社和养蜂合作社（暂停经营），带动小湾村农民就业。2017年村集体经济实现就业98人，其中建档立卡户21人，户均增收5000元以上。二是群众自主发展产业增收。截至2018年6月，全村已发展中药材、葡萄等种植户3户，牛、猪、鸭等家禽及鱼类养殖户12户，帮助争取发展资金3.72万元，申请小额信贷9万元。

4. 乡村治理

小湾村积极实施"五改一化一维"惠民工程。按照"应改则改、应改尽改"原则，对建档立卡贫困户和非建档立卡困难户实施改厕、改灶、改圈、改水、改电、室内和屋前屋后硬化及房屋维修工程，惠及群众219户，其中，实施改厨38户、改厕90户、改圈13户、改水163户、改电128户、危房维修100户、屋前屋后硬化77户。

2015年10月，小湾村发布《村规民约》，围绕乡风文明建设、遵纪守法、环境治理、经济发展等方面制定规则，将火灾防范相关规定纳入村规民约，是小湾村近年来没有发生重大火灾事故的原因之一。

（二）文化特色

小湾村历史文化特色资源相对丰富，包括自然生态资源、侗族风情资源、历史文化资源三种类型。

1. 古老传说

据说，小湾村内的水眼坪原来叫水仙屏，曾有一个妙似"天池"的湖泊。清朝末期，吴姓始祖路过此地，通过观测，认为是个可以休养生息的好地方，遂请水师下池了解湖泊情况，发现湖底有一个洞穴被积物堵塞，设法敲开后，水竟日渐消退，三天过后呈现一片平地，吴姓祖辈就开始在平地上开垦农田，建设家园。

2. 文化遗址

水眼坪"排排屋"位于小湾村水眼坪组、上排组、中排组和下排组，是万山侗族风情的典型代表。屋场均建在山坡前面，从第一排到第五排由大到小依次而上梯形排列，窗棂精雕玉琢。每排房屋沿街用青石料砌成宽2.7米、长50~100米的石板路，四周建有围墙，统一朝一个方向开门，每屋从下往上沿青石板梯规则弯曲而上，每排都有造型美观的"八"字形大门。每排房子两端都建有水池，可用于防火救灾。几百年来，水眼坪不仅从未遭灾失火，还在1978年被贵州省政府授予了"全省百年无火灾模范单位"称号。2003年，贵州省文物局局长候天佑等人专程来万山考察水眼坪"排排屋"后，赞不绝口，他认为，"水眼坪侗寨的建筑排排屋，体现了侗族文化的精髓，目前是全

2018年8月15日，连玉明院长实地考察小湾村水眼坪组的排排屋。

省保存较为完整、体现侗族建筑特点的房屋之一，极具文物保护和旅游开发价值。"

小湾村坉坡古遗址坐落于船拓组一山顶，是周边坉坡古建筑遗址群中最大的一处。屯堡城墙墙体大多是就地取材，由青色石灰岩叠砌，多呈圆形，城墙均有防守出入口。墙体厚度约50厘米，高1.5~3米，墙体均有垛口，城墙内遗存有石阶、石柱、石台、瓦片、水池、大坑。南北长约100米，东西长约50米。据村支书吴培明介绍，祖辈来此生活时就有这些古建筑，民国时期当地老百姓还用此来躲避匪患。铜仁市政协原秘书长赵幼立、市文物局原局长张吉翔等人曾组成专家组，对其进行考察。

3. 民间文艺

小湾村调研座谈会上，村主任吴万宽回忆，"我小的时候基本上都跳踩茶灯，类似于跳花灯舞。"多年来，小湾村一直保留着鼟锣和跳花灯的民间传统。其中，鼟锣是目前100多万名侗族同胞中最独特、古老、保存最完整的民族文化艺术之一，具有极高的历史文化价值。跳花灯则是每年农历正月都要举办的文化娱乐活动，为佳节喜日增光添彩，祈求平安。

此外，第一书记喻华云还提到，小湾村水眼坪传统的豆腐制作工艺也是远近闻名，味道独特。

三、创新模式与实践

随着脱贫攻坚工作的开展，小湾村基础设施建设不断加强，农村公共服务供给不断增加，农民生活水平不断提高。其中，结合小湾村脱贫攻坚工作实际情况，探索实施的"党建＋群众"工作模式取得了显著成效。

脱贫工作开展初期，小湾村物质上的贫困问题得到逐步解决，但"精神贫困"问题尚有待解决，贫困户的生产生活条件发生了显著变化，一些非贫困户逐渐产生了不平衡心理。曾经不止一次出现非贫困户强抢贫困户物资与分红的情况，甚至出现了争当贫困户、低保户的"四大金刚"。如何平衡非贫困户心理，化解利益矛盾成为小湾村脱贫扶贫工作的最大难点。为此，小湾村开展党员干部针对非贫困户的帮联活动，加强基层党员干部与普通群众的沟通联系，进一步扩大精准扶贫、强农惠农政策的宣传覆盖面，为打赢脱贫攻坚战营造良好的外部环境。一是向非贫困户积极宣传党在农村的各项方针、政策，特别是精准识别和强农惠农相关政策知识，说明小湾村精准扶贫工作有关情况，有

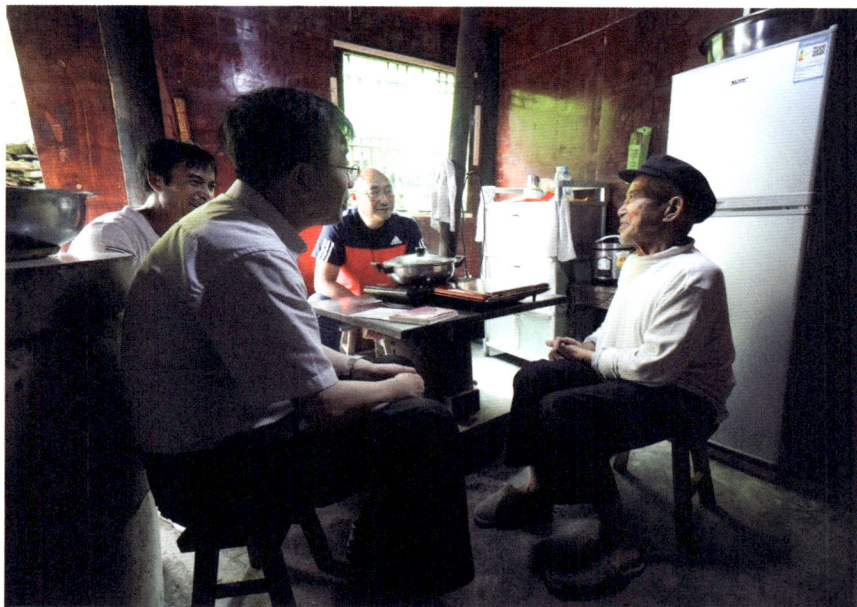

2018年8月15日，连玉明院长入户走访贫困户吴培家老人。

的放矢地对群众进行教育和引导，做好释疑解惑工作，疏导情绪，凝聚人心，化解矛盾。二是定期走访，及时掌握村民思想动态，加强情感纽带。船拓组的吴培凤在2017年低保排查中因被确认为四有人员而退出低保户，为此老两口多有抱怨和不满。小湾村驻村工作队通过半年的日常走访真情互动，进一步赢得他们的信任，增进感情。三是察民情解民忧，帮助村民解决实际问题，为他们搞好服务，认真听取非贫困户的意见建议，努力做到政策宣传到户、矛盾化解到户、意见收集到户、问题解决到户。水眼坪组的吴培必年过70，因未达到低保和贫困户识别标准无法获得产业贷款优惠而心有不满。在了解其具体情况后，驻村工作队为其申请老党员慰问金和民政救助金，积极满足其合理诉求，逐步化解群众思想疙瘩。

四、突出问题与工作难点

（一）文化传承面临断层

一是小湾村民间传统文艺的传承人存在数量少、年龄大、影响面小等难题。村主任吴万宽提到，"以前有一个花灯舞，现在只有老年人会了，年轻人就不会了，没有传承下来。"目前能够掌握跳花灯和鋬锣表演的仅有几位高龄老人，由于年龄偏大，身体状况每况愈下，记忆力逐渐衰退，更有甚者终年疾病缠身，无法进行教授，使得传承出现了一定的困难。再加上当地年轻人大多数都选择外出打工，极少数已经全面掌握这门技艺的学习者也无法以此为长久的谋生手段。二是都市文明和多元艺术带来冲击。随着生活变迁，民间艺术的表演情境、意义、功能等都发生了较大的变化，更趋向于一种表演性质的舞蹈，供人欣赏和娱乐。同时，随着现代生活质量的不断提高，多元化的娱乐方式不断渗入，带来了城市文化下沉和乡村文化模仿现代都市文化的双重变化，农村文化开始出现了由传统向现代的转型。三是非物质文化遗产基础性工作缺失严重。一方面，未对本村的民间艺术进行记载和研究，导致文化遗产挖掘、整理、研究、继承、申报和保护等方面的工作无法有效开展。另一方面，近年来，缺乏相关文化学习活动，也缺乏把当地文化推向本地区以外的传播观念，农村文艺人才的培训工作一直"撂荒"。

（二）文化遗址现状堪忧

调研组经过实地调研发现，作为小湾村重要的历史文化承载地，

2018年10月18日，调研四组实地考察小湾村吴氏祠堂，了解小湾村历史概况。

坽坡古遗址、水眼坪"排排屋"、吴氏祠堂等遗址因未得到及时有效的维修保护，破损严重，濒临消失。吴氏祠堂因年久失修，又历经风雨侵蚀，房屋建筑已无人居住和使用，损坏较为严重，开发利用难度大；坽坡古遗址地理位置偏僻，无人打理，城墙内遗存石阶、石柱长满青苔，城墙内外灌木攀附，野草丛生；"排排屋"两边大门已经被拆除，房屋后面的小门也已经堵上，原有五排仅剩四排房屋结构。这在一定程度上反映了小湾村文化遗产保护的两大问题：一是文化保护管理工作缺失。小湾村文化遗产内容丰富，涵盖面广，开发保护工作量大，但目前并没有相应部门对小湾村文化遗产进行规划、管理，小湾村文化遗址长期处于无人组织，无人辅导的瘫痪状态。二是开发利用程度偏低。虽然小湾村文化遗产资源十分丰富，但由于缺少重大项目和重点项目的龙头带动，长期存在着文化遗产资源开发利用程度不高的问题，相应的文化旅游资源开发处于无序状态。

五、对策与建议

小湾村作为历史悠久的文化村落，其村域内的历史文化遗存是村域经济社会发展的重要资源。在城市化进程加快和新农村建设深入的背景下，亟待强化规划引领，合理开发利用，实现历史文化村落经济、社会文化和空间环境"三位一体"协同发展，让历史文化村落活态再现。

（一）夯实基础工作，实施文化资源保护工程

一是加强小湾村文化遗址的保护和申报工作。深入开展以民族特

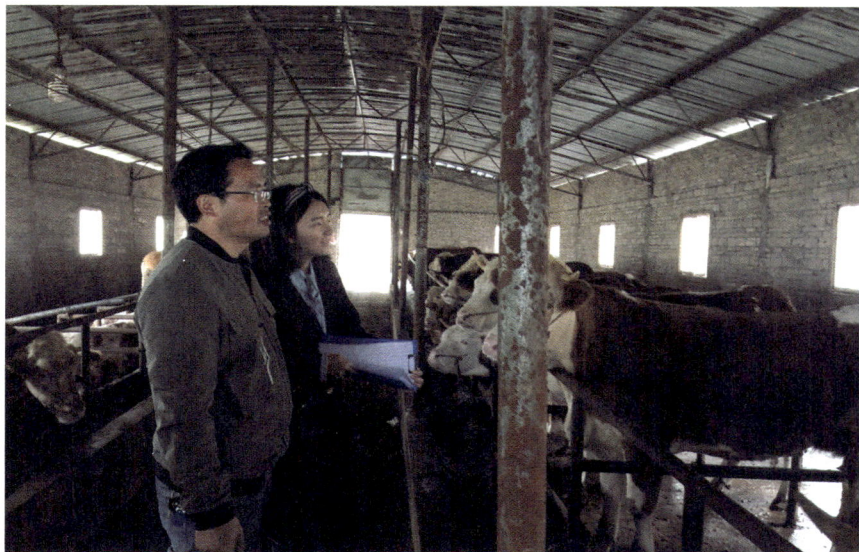
2018年10月19日，调研四组实地考察小湾村牛棚。

色为重点的文化遗址全覆盖调查，在了解和把握全局的基础上，建立完整的村落档案，制定相关保护规划，划定小湾村建设的历史文化保护红线，建立文化保护区域。同时，根据规划要求引进专业化的文化公司，在保持原有结构和用料不变的情况下，对建筑进行保护性修缮，重现侗族民族风情。并积极向上申报中国历史文化名城名镇名村、中国传统村落、国家重点文化保护单位、少数民族特色村寨等。二是聚焦特色文化挖掘，培育文化保护利用与传承意识。组织专家深入研究"排排屋"、坉坡古遗址的历史价值和文化内涵，传承传统建筑文化，使历史记忆、地域特色、民族特点融入乡村建设与维护；同时，加强对文化遗产的宣传，不断提高村民对文化遗产的认知度和自觉参与保护的意识，增强主人翁的责任感和保护文化遗产的自豪感，唤起村民的文化自觉。

(二) 盘活文化资源，注重文化旅游整体开发

一是以少数民族特色村寨为核心，推进民族生态文化旅游与精准扶贫的无缝对接。以水眼坪旅游精准扶贫示范项目为重点，开展小湾村文化建设的规划设计，加大乡村文化建设力度，将小湾村文化资源转化为优势资源，形成集自然景观、产业景观和人文景观于一体的乡村旅游景观体系，带动地区发展和村民就业。二是整合周边资源，推动区域旅游一体化。打破村与村的行政区域障碍，联合夜郎谷、朱砂古镇等项目，组团发展，打造万山区旅游联合体，协调区域旅游产品开发、区域品牌打造和整体形象塑造，形成"一个品牌，差异开发、突出特色、利益分享"的市场格局。三是开展"互联网＋旅游"营销。充分利用"互联网＋"的信息传播优势，加快最新科技手段在片区旅

2018年10月18日，调研四组实地考察小湾村吴氏老院。

游营销中的应用，提升营销传播的效率和效益。通过建立官方微博或公众号，加大信息传播力度，将小湾村文化特色、风景胜地更直观地展现在大众面前。

（三）完善产业管理，加强文化建设物质保障

一是加强扶贫项目管理，促使扶贫项目效果最大化。小湾村集体经济相对薄弱，对村域文化的支撑有限，亟待进一步提高村域经济建设能力，确保财政保障水平稳步提高，为全面推进文化建设提供坚实保障。二是加大乡村公共文化建设的资金投入，完善乡村公共文化体系。有关部门应根据实际情况及时研究解决因增加农村文化服务内容而需要扩大人员规模和经费的问题，确保农村文化服务活动的顺利开展。乡、村每年都要拿出一定的资金用于发展农村公共文化设施建设，确保专项资金及时足额到位、合理分布，为村文化活动室及室外健身场所等农村文化基础设施建设提供资金保障。三是提升公共文化设施建设、管理和服务水平。结合现有公共服务设施建设，制定本村公共文化服务中心建设标准，充分利用现有城乡公共设施，统筹建设集宣传文化、党员教育、科技普及、普法教育、体育健身等多功能于一体的基层公共文化服务中心，配套建设群众文体活动场地。

参考文献

1. 徐克勤：《打造武陵山片区民族特色生态文化旅游支柱产业研究》，《民族论坛》2016年第1期。

2. 中共中央、国务院：《乡村振兴战略规划（2018—2022年）》，中国政府网，2018。

3. 铜仁市万山区转型可持续发展大调研组：《铜仁市万山区大调研组赴万山区高楼坪侗族乡预调研简报》《铜仁万山转型可持续大调研简报》，2018。

4. 张倩：《贵州铜仁黄道侗乡鼟锣艺术的嬗变与保护》，《大众文艺》2015年第2期。

童趣怡然，孩童时光，最难忘儿时乐园。

林花碧草胜轻寒，云深水静有人家。堂前苔痕上阶绿，风吹罗裙拾野花。

连绵起伏的山林，像青龙蜿蜒盘环在池塘周围，隔开了喧闹，把池塘笼得青翠宁静。群鸭扑腾着翅膀，在池塘里荡起粼粼波纹。

立体生态"九丰+"
种养效益"双丰收"

——羊尾舟村调研报告

2018年10月20~21日，铜仁市万山区转型可持续发展大调研第四小组陈盈瑾、李明星赴万山区高楼坪侗族乡羊尾舟村开展了为期2天的调研。调研组与村委会开展以"羊尾舟村脱贫情况与经验"为主题的座谈会；实地考察了羊尾舟村元秋蔬菜大棚基地、羊尾舟村寄马冲小学、梦鑫源家具作坊；了解了羊尾舟扶贫产业现状、致富带头人创业历程及留守儿童等情况；重点对宋伟（男，第一书记）、吴克荣（男，教师）、蔡朵（女，留守儿童）、吴克家（男，致富带头人）、张细军（男，返乡代表）等进行了专访。

通过调研发现，羊尾舟村2016年成功退出贫困村以来，其农村面貌得到很大改观，但其经济发展水平有限，全村现代化程度不高，农村社会管理任务较重，亟待进一步加强环境治理，创造良好的生产生活环境。同时，关注新型农民群众多样化、多层次的精神文化需求，探寻一条适合本村实际的农村转型道路。

一、基本概况及历史沿革

羊尾舟村距高楼坪乡政府5公里，东靠黄道侗族乡，南连关庄村，北与西和小湾村接壤。全村境内母岩以石灰岩、白云岩、砂页岩为主，最高海拔910米，最低海拔400米，相对高差516米，平均海拔760米，山势平缓，山脉呈东西向展布，形成丘陵山间盆地，东面与北面为悬崖。

全村耕地以坡耕地为主，水资源相对丰富。羊尾舟村总面积6.5平方公里，其中，林地占39.5%，耕地占34%，水域占5.8%。耕地总面积1132亩，其中基本农田544亩，人均耕地1.2亩，人均农田0.85亩，境内水田主要分布在沿河沟两侧。羊尾舟村河沟呈"一"字形，河流均属雨源性河流，因沟渠狭窄排水量小，曾出现洪水淹没问题。

人口方面，全村辖蔡家组、黑湾组、吊楼脚组、老院子组、破马冲组、格楼寨组、寄马冲组7个村民小组，截至2018年6月，共356户、1059人。其中，吊楼脚组和寄马冲组人口最多，约占全村人口的38%。全村居住着侗族、布依族、傣族、回族、苗族、土家族等少数民族。蔡姓、张姓和梁姓是村中的大姓。全村有劳动能力户276户、698人，有劳动力外出务工87户、250人，党员29人，财政供养人员26人。

脱贫攻坚方面，羊尾舟村原为三类贫困村，2016年退出贫困村。截至2017年底，全村建档立卡贫困户70户、209人，2014年脱贫7户、26人，2015年脱贫7户、32人，2016年脱贫39户、125人，2017年脱贫12户、19人，2017年末未脱贫人口5户、7人，贫困发生率为0.67%。全村有低保户47户、97人（其中建档立卡贫困户28户、68人），五保户9户、10人，残疾人41户（其中建档立卡贫困户22户），重病户1户

（其中建档立卡贫困户0户），危房改造83户、283人（其中建档立卡贫困户31户、89人）。扶贫产业分红方面，截至2017年12月底，羊尾舟村已全部实现产业分红，第一次针对村大棚蔬菜项目覆盖的羊尾舟村建档立卡贫困户70户进行产业分红，每户分红900元；第二次针对九丰农业覆盖的羊尾舟村建档立卡贫困户50户进行产业分红，每户分红1600元。

基层组织方面，羊尾舟村第一书记宋伟2017年9月任职，此前在万山区纪委民生监督室和党风室负责党风政风监督。村支监"三委"成员为村支书杨玉珍、村主任梁巨宽、监委主任张成顺。

二、基础条件与特色优势

随着万山区脱贫攻坚及乡村振兴的推进，羊尾舟村在经济结构调整、基础设施建设、农民增收等方面有了较大的改善，促进了本村经济和各项社会事业的发展。

基础设施方面，羊尾舟村7个村民组干道现已全部硬化，连户路通到农户家门口。全村353户全部通水、通电。2017年羊尾舟村实施"五改一化一维"223户，其中改厨178户、改厕114户、改圈49户、改水156户、改电55户、房前屋后硬化153户、房屋维修56户。

医疗保障方面，针对羊尾舟村建档立卡贫困户70户、209人，通过政府代缴合作医疗、小额扶贫保险等政策，2017年度共计有180余人次享受到医疗救助。教育保障方面，全村建档立卡在校学生43人，享受教育资助42人（其中1人不符合资助条件），其中学前和小学资助21人、初中资助13人、高中资助5人、大专以上资助3人，全村6~16周岁村民无一人因贫失学。住房保障方面，通过实施危房改造（羊尾舟村2014至2018年度共计实施危房改造83户，其中2014年16户、2015年11户、2016年37户、2017年5户、2018年14户）、易地扶贫搬迁（4户）等措施，按照《贵州省扶贫对象精准识别和脱贫退出程序管理暂行办法》的相关规定，全村356户、1059人均有安全住房。

产业发展方面，羊尾舟村成立了元秋养殖专业合作社，通过多次村民代表会议，确定将大棚蔬菜产业作为全村增收致富的第一产业。此外，羊尾舟村有三户种养殖大户，分别是格楼寨组张有黑养殖山羊106只，黑湾组吴克家养殖鸭子700只，老院子组梁伦海养殖山羊60只、牛10只，起到了良好的带头示范作用。

乡村环境方面，羊尾舟村7个村民组人行通道、村主干道、水渠、

2018年10月20日，调研四组实地考察羊尾舟村文化广场。

公共卫生地段新增29个垃圾桶，便于群众日常生活垃圾的堆放。并组织了5名保洁员，负责打扫羊尾舟村日常环境卫生。

三、创新模式与实践

羊尾舟村基础设施建设不断加强，公共服务和社会事业达到新水平，教育、医疗卫生等社会事业快速发展，全村焕发新气象。其中，在探索新型农村经济过程中的创新和经验尤为突出。羊尾舟村山地多，平地少，在农业规模化发展上不具备优势。为此，羊尾舟村一方面在田地肥沃的沟河两岸建设连栋蔬菜大棚基地，另一方面积极探索立体生态种养模式，最大限度地利用资源，开辟更为广阔的养殖致富之路。

（一）山地智能蔬菜大棚

2016年底，羊尾舟村建设高标准山地农业蔬菜智能大棚基地17亩，主要种植芹菜、西红柿、丝瓜、大蒜、辣椒等蔬菜品种。在多年大棚种植经验的基础上，元秋蔬菜大棚学习九丰高效农业园先进的管理运营模式，实现蔬菜大棚年收益11余万元，带动周边村落就业，实现村村联动发展。在利益分配上，元秋蔬菜大棚采取合作社牵头，流转土地和合作社成员帮捆贫困户的方式，按照"公司＋专业合作社＋贫困户"的发展模式，覆盖羊尾舟村、关庄村建档立卡贫困户139户，实现经济效益和社会效益"双丰收"。

（二）鱼鸭生态立体养殖

羊尾舟村民吴克家在湖南学习养殖返乡后，2017年冬天开始在

2018年10月20日，调研四组考察羊尾舟村集体经济。

自家鱼塘尝试鱼、鸭套养。鱼、鸭立体养殖是合理利用水体空间资源及综合利用鸭养殖副产品的一种可持续性生态农业。吴克家在自家鱼池的堤埂上建造简易鸭舍，用部分埂面和池坡作为鸭子的活动场，鱼池一旁用网片围鱼池一角作为鸭子洗浴池，水中的拱网不拱到底，供鱼类从网底游入摄食。鱼、鸭综合养殖，不仅有利于促进鸭子育肥，又可增加养鱼肥料来源，实现资源共享、良性循环，大大降低了养殖成本，提高养殖的综合经济效益。对此，吴克家自豪地和调研组说，"我这里放了几千斤鱼，根本不用去街上卖，买家都慕名而来，很重要的一点就是因为养鱼和养鸭相结合，这个鱼是很鲜美的。"

四、突出问题与工作难点

调研组经过实地调研发现，羊尾舟村农业生产和农村经济形势总体平稳，持续向好，但在民生改善、环境治理上仍存在一些问题，其中，由传统生活陋习带来的环境问题、农村空心化带来的留守儿童问题以及新型职业农民转型升级中暴露的培训问题尤为突出。

(一) 农村生活污水治理难度较大

在羊尾舟村调研座谈会中，第一书记宋伟提到，"村内污水没有统一排放系统，部分沿着马路建房的村民直接把卫生间的污水排在路上。"生活污水是人们日常生活中产生的各种污水混合物，各种洗涤水和人畜粪便是羊尾舟村水体污染的主要污染源。羊尾舟村部分村民在生活水平提高的同时，生活方式并没有随之发生变化，生活污水直接外排在房前屋后，羊尾舟村通村路、村卫生室附近均存在生活污水外排现象。采取这种污水排放的方式，不但使污水横流，影响村容，而且污水长期渗入地下，生活污水中含氮、磷、硫多、致病细菌多，造成农村地下水水质恶化。而长期以来，羊尾舟村的污水处理没有得到有关部门和当地群众应有的重视，同时羊尾舟村水污染问题还面临诸多治理困境。一是村民环境自治力量薄弱。受制于环境管理制度不完善、渠道不畅通以及个人意识和能力不足等，长期以来我国农村环境治理更多地依赖政府自上而下的政策推动，村民处于边缘化，成为旁观者、被动者甚至是对立者，导致政府治理成本高，效率低下。二是治理经费严重短缺。目前，国家尚未出台统一的农村污水设施建设和运行经费拨付方法与标准，相关费用主要靠各级政府自筹以及国家"以奖促治"和"以奖代补"政策专项补助资金，缺乏可持续和稳定的经费保障。对于刚刚走出贫困村行列的羊尾舟村而言，村级相关经费有限，向农村居民收费又比较困难，导致农村水污染治理的基础设施建设及运营管理困难重重。

（二）留守儿童问题需引起重视

在调研寄马冲小学时，吴克荣老师提到，"寄马冲学校目前关键难题是留守儿童，家里都是一些公婆。像我们布置作业，学生回去很难完成。有一些学生不会做，但是家里面也没有人会做。"据吴老师反映，寄马冲小学一二年级学生中有30%～40%的留守儿童，幼儿园小朋友中留守儿童比例高达50%。看护留守儿童的老年人大多文化层次偏低且文盲居多，学习辅导不足，不能满足留守儿童学业需求；父母与子女的分离导致教育的缺失，同时，由于留守儿童的成长环境遭到不同程度的系统性破坏，部分儿童因"亲情缺失"而产生了身心缺陷。在谈及留守儿童教育问题时，羊尾舟村村委会承认农民外出打工确实会给留守儿童带来诸多影响，但目前，他们对留守儿童教育问题了解不多，尚未针对留守儿童教育采取相应的措施。就读于寄马冲小学一年级的蔡朵是梁见英的小孙女，其父母蔡元林和杨晓爱长期在苏州从事建筑行业，每年回家一次。在和调研组的交流中，蔡朵表示平时与父母沟通不多，比起父母回家时带回的玩具，更渴望能与父母有更多精神上的交流，而这些需求长期被忽视无疑给留守儿童心理健康带来影响。

（三）农村技术培训匹配度有待提高

目前，现有农民培育多以生产技术为主，内容多为成熟的种养技术，随着新型经营主体的大力构建和一、二、三产业融合发展的推进，村民更加渴望得到市场服务、互联网应用、加工营销等生产环节之后的经营或保障性服务培训，针对这些知识却没有相应的门路和平台去学习交流。因父母年纪渐长，羊尾舟村村民张细军2016年带着家具制作手艺从浙江台州返乡回村做起了家具定制的生意。目前，张细军经营的家具作坊在村里已经小有名气，在谈论经营学习时，他表达了想要学习生意经营、扩展销路的意愿，同时也表达了找不到学习途径的苦恼，"想要学习，就是找不到途径。"致富带头人吴克家2017年5月开始饲养鸭苗，目前已形成水面养鸭、水中养鱼的立体养殖模式，同样，吴克家也有经营管理能力培训的需求，而他们都认为"现在的培训活动用处不大"。

五、对策与建议

（一）统筹城乡污染治理，完善环境管理体制

羊尾舟村的水污染问题亟待引起重视并采取相关举措加以解决。一是增强农村环境管理能力。有关政府部门应该加强对乡、村环境污染问题的排查，强化乡镇政府农村环境保护与治理的职责。一方面加大例行环境检查的力度，另一方面建议在村及村民组配备一些兼职卫生督察员，建立起县、乡、村三级环保监管网络，专门负责开展农村环境保护与治理工作。二是加强污水处理设施建设，尤其是对位置偏僻、相对落后的村落。在乡级层面，按照人口集聚程度、经济性和适

宜性等原则合理布局生活污水及垃圾处理设施，制定统一规划。三是加强农村环境教育。村民作为良好生态环境的直接受益者，理应承担相应的环保职责。建立健全农村环境治理中的村民参与机制，这样不仅能有效降低政府环境治理的成本，更能使农村环境治理政策充分体现和代表民意。还可以通过环保知识下乡、污染案件"以案说法"以及政策宣传等活动，积极引导村民制定环境保护村规民约和培育民间环境保护组织，提高村民参与环境治理的积极性。

（二）关注留守儿童成长，实施精准教育帮扶

留守儿童作为我国农村普遍存在的现象，也是羊尾舟村需要加以关注的问题。一是加大教育部门和学校关爱保护力度。学校要对农村

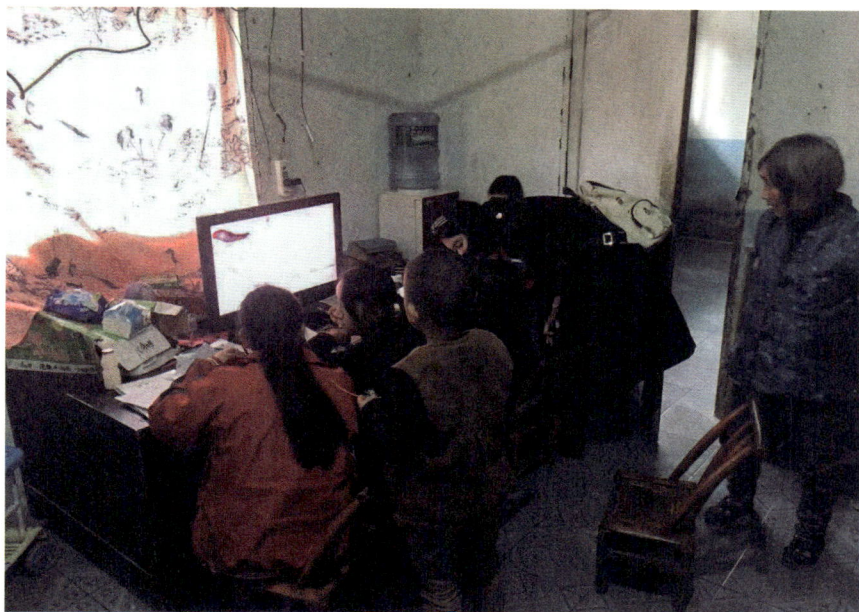

2018年10月21日，调研四组实地考察梁见英一家留守儿童情况。

留守儿童受教育情况实施全程管理，了解农村留守儿童学习情况和思想动态；在平时生活中要有针对性地对留守儿童定期开展心理咨询与辅导，促进学生心理、人格积极健康发展，及早发现并纠正心理问题和不良行为，教会他们如何应对生活和学习压力，帮助他们消除心理上的困惑。二是发挥村民委员会群众优势，健全农村留守儿童工作体系。村民委员会在乡政府的指导下可以动态收集村民外出务工和留守儿童的相关信息，并全面掌握留守儿童的家庭结构、经济收入等情况，建立与留守儿童家庭的定期联系制度，与政府、学校、社会团体协同建立对留守儿童的监护机制，依法督促监护人履行教育和监护留守儿童的法律义务，并积极动员全体村民通过各种方式关爱留守儿童。三是鼓励企业建立对口帮扶机制，组织当地社会募集爱心志愿者与留守儿童结对子。同时，面向留守儿童下乡举办心理讲座、心理咨询和生命教育培训班，帮助留守儿童提高心理健康水平，引导留守儿童树立正确的人生观、价值观。

（三）科学设计分类培训，提高农民培训针对性

随着现代农业加快发展，新型职业农民逐步成为适度规模经营的主体，调研组建议从以下三方面完善新型职业农民培育体系。一是把握培训需求，对培训对象实行分层分类。深入开展摸底调查，进行农民培训需求分析，明确不同务农群体对培训内容、培训方式等的实际需求，并据此对培训对象进行归类：第一，留守农民，即在田间地头从事农业劳动，并以此为主要收入来源的"农业工人"；第二，经营型农民，其一般具有良好的市场竞争意识，不仅掌握一定的农业生产技术，还具有较强的农业经营管理经验，该群体包括专业大户、专业合

作社带头人、返乡创业者等；第三，服务型农民，农业生产前、生产过程中、生产后的服务型人员，属于农业中的第三产业从业者，主要包括农业技术推广员、农业产品经销员、农机驾驶员和维修员、农业动植物防疫员等。二是分类分层开展培训。分类型、分产业、分等级制定培训标准，针对留守农民的培训以种养殖技能和农产品质量安全为主要内容，提升当地留守农民的文化、技术水平和诚信、法治意识。对经营型农民的培训以培养生产经营型职业农民为目标，对其开展以农业组织管理、农业产业化市场运作等为主要内容的培训，帮助其开拓视野，提高管理能力，使其成为兼具市场意识和农业技能的新型职业农民。三是科学设置培训课程，及时更新培训内容。新型职业农民的培训内容应紧密结合现代农业和农村经济发展对农民的素质要求，根据农业产业发展方向及时对农业职业培训内容进行动态调整、优化和创新。在综合素质方面，重点设置职业道德素养、团队合作、科学发展等内容；在生产技能方面，重点设置新知识、新技术、新品种、新成果、新装备的应用，市场化、信息化、标准化和质量安全等内容；在经营管理能力方面，重点设置创新创业、品牌创建、市场营销、企业管理、融资担保等内容。

参考文献

1. 曹新富、李美存：《我国农村水污染治理的困境及出路》,《江西农业学报》2017年第2期。

2. 高杰、王蔷：《精准瞄准　分类培训　按需供给——四川省新津县新型职业农民培训的探索与实践》,《农村经济》2015年第2期。

3. 中共中央、国务院 :《乡村振兴战略规划（2018—2022年）》，中国政府网，2018。

4. 铜仁市万山区转型可持续发展大调研组 :《铜仁市万山区大调研组赴万山区高楼坪侗族乡预调研简报》《铜仁万山转型可持续大调研简报》，2018。

关庄村山头上的雾是乡愁里最美的风景，那些年，土地庄稼在一起，大人小孩也在一起；前几年，小树露芽，三五公分大；这些年，秋色渐去，残留春色几许。

村头的老树下，细数地里田间界线是谁家，轻嚼老茶，看那小石旁冒出的新花，遥想那年青梅竹马。

每一代人的故乡都在一个地方，虽然每一代人的乡愁都不一样，但一样的是对祖国的热爱和对故乡的思念。

强化村企合作共赢
推动产业高效发展

——关庄村调研报告

2018年10月21日，铜仁市万山区转型可持续发展大调研第四小组赴关庄村开展了为期1天的调研。调研组与关庄村村支监"三委"在村委会召开了座谈会，双方交流了关庄村基本情况、脱贫现状、集体经济和乡村治理等内容，驻村干部陈静、村主任徐明勇、村委委员曾海英、监督委员冯天亮和徐昌乐以及致富带头人冯忠情参会并发言。调研组还实地考察了铜仁市万山区成峰园艺有限公司、成峰园艺苗木基地和成峰园艺青少年科普园；专访了关庄村包村干部杨再位（现任高楼坪乡党委副书记）、村主任徐明勇、返乡创业致富能人冯忠情；走访了贫困户代表冯天顺（男，群众代表）和徐昌关（男，脱贫代表）等十户农户。

调研期间，调研组了解了关庄村产业发展规划，考察了园艺种植技术，总结了转型发展经验，交流了带头致富思路。针对关庄村发展规划不明、产业发展后劲不足、专业技术不高等难点，调研组提出了转变发展观念、坚持独立自主、充分利用现有资源等建议。

一、基本概况与历史沿革

关庄村距乡政府3.5公里，与青年湖村、羊尾舟村和高楼坪村毗邻。全村最高海拔900米，最低海拔550米，平均海拔650米，山体坡度较高，山脉呈东西向展布，山多圆形、平顶，为原生风化物，形成丘陵山间盆地。全村辖地面积4.74平方公里，森林面积4030.35亩，覆盖率达56.69%；耕地面积1118亩，其中水田634亩、旱地484亩，境内耕地以坡耕地为主，水田主要分布在丘陵山间盆地。人均占有耕地约1.29亩，人均水田约0.73亩。

关庄村辖8个村民小组，其中包括塘冲湾一组和二组、刘铁寨组、关庄组、湾头组、田脚组、徐家垅组和岩家组，姓氏以徐姓、冯姓和张姓为主，民族以侗族为主，居住着少量汉族、苗族和土家族人士。

户籍人口方面。截至2018年10月，关庄村人口共284户、870人，60岁以上162人，90岁以上老人共4位，分别是徐明清（湾头组，男，侗族）、冯玉珍（湾头组，女，汉族）、冯忠明（关庄组，男，汉族）、刘仙花（田脚组，女，汉族）。全村现有党员22人，致富能人6人。

脱贫攻坚方面。2014年初，关庄村共有建档立卡户70户、222人，为非贫困村。脱贫攻坚以来，2014年脱贫5户、26人，2015年脱贫12户、53人，2016年脱贫16户、52人，2017年脱贫32户、78人。截至目前，全村贫困户仅有建档立卡户5户、13人，贫困发生率控制为1.5%。全村有低保户35户、57人（其中建档立卡户24户、43人），五保户7户、8人，残疾户48户、53人（其中建档立卡户20户、22人，一、二级残疾8户、8人）。

基层组织方面。关庄村基层组织比较完善，包括包村干部杨再位（现任高楼坪乡党委副书记），2017年开始驻关庄村开展脱贫攻坚工作；驻村干部陈静（现任老干局工作人员），2018年10月驻关庄村开展驻村工作；现任村支书杨秀文，村主任徐明勇，监委会主任徐东桥，监督委员徐昌乐、冯天亮，村委委员曾海英和村计生专干吴红艳。

二、基础条件与特色优势

（一）基础条件

交通方面。关庄村共有一条交通主干道，连接羊尾舟村和夜郎村，通往高楼坪乡政府，目前道路硬化工程和照明工程全部竣工，并投入使用。全村所辖8个村民小组连接主干道的通组路和连户路已全部连通

2018年10月21日，调研四组与关庄村村"三委"召开座谈会。

并硬化，可容纳普通轿车双向通行。

住房保障方面。2017年以来，关庄村组织实施"五改一化一维"共170户，其中改厨70户、改水123户、改厕102户、改圈36户、改电13户、硬化52户、房屋维修46户，易地扶贫搬迁4户，网络"户户用"安装243户。

医疗保障方面。关庄村建档立卡户全部享受四重医疗保障，包括"新农合"基本医疗补偿，大病保险赔付，民政医疗救助、计生医疗扶助，医疗费用兜底及非医疗费用救助。2017年，关庄村享受政府代缴合作医疗保险共70户、222人，医疗救助共22户。

教育保障方面。关庄村全村6~16周岁村民无一人失学，其中建档立卡在校学生44人，享受教育资助43人，其中学前和小学资助30人、初中资助9人、高中资助2人、中职资助1人、大专以上资助1人。

关庄村在实现教育、医疗、住房等三保障上下足了功夫，满足了关庄村群众生产生活基本需求。除此之外，修建文化广场一个，作为村民农忙后休闲场所。

（二）产业发展情况

1. 挂靠连栋蔬菜大棚、"一户一亩"菜园地

关庄村受地理环境因素影响，不利于大规模种植蔬菜。因此，村委会商议决定根据村实际情况，投入财政扶贫资金36.2916万元，挂靠羊尾舟村发展大棚蔬菜种植，共建元秋种养殖专业合作社。2017年，关庄村利用财政专项扶贫资金14.9431万元，在关庄村关庄组、徐家垅组建设占地17亩的关庄村"一户一亩"菜园地，带动关庄村建档立卡贫困户49户实现每户分红2500元。

2. 水蜜桃基地

2016年，关庄村投入财政扶贫资金10万元，在刘铁寨组、湾头组建设水蜜桃种植项目，共种植水蜜桃300亩，作为村级集体经济。目前，关庄村正在筹备组建水蜜桃种植基地农民专业合作社，完善水蜜桃基地基础设施建设，带动更多贫困户务工就业，实现集体经济分红。

3. 成峰园艺项目

2012年，铜仁市万山区成峰园艺生态农民专业合作社正式成立，主要从事苗木和花卉种植、设计、销售和绿化施工及养护等工作。目前，成峰园艺种植基地占地800亩，主要种植吊兰、绿宝、红叶石楠等苗木花卉300余种。成峰园艺通过绿化项目带动贫困农户参与，从生产、种植、设计、销售等方面全方位发展，带动贫困户务工就业，稳定贫困户收入。

三、创新实践和发展模式

2015年，国家林业局宣布，5年内实现坡度25度以上的耕地全部退下来植树造林，而关庄村海拔较高，坡度25度以上耕地占一半以上，水资源相对匮乏，不利于农业种植。这意味着关庄村必须改变原始农耕方式，创新农耕经济发展模式。

关庄村根据国家发展大势，结合村实际情况因地制宜、主动实践，积极探索了一条农耕经济转型发展新路子：退耕还林发展园艺种植——推动原始农耕方式向新型农村生态经济发展转型，形成了政府主抓发展、企业因地制宜、村民专注经济的发展模式。

一是鼓励返乡创业发展，带动农村居民增收。关庄村组织宣传利用外部资源带动村内经济发展，着力实施农村产业经济项目。借此机会，外出务工人员冯忠情返乡回到关庄村，充分利用国家退耕还林政策，结合关庄村地形地貌，建立了花卉苗木基地，成立成峰园艺有限公司。成峰园艺化劣势为优势，致力于园艺种植，科学选择树种，合理确定规模，通过绿化项目和苗木销售，实现原始农耕方式向新型农村生态经济的发展转型。除此之外，成峰园艺还带动村民抱团式发展，扩大园艺种植规模，实现做大绿化工程项目、做强农村经济产业，打响农村苗木园艺品牌，增加村民经济收入，助推乡村发展转型。

二是落细落实惠企政策，解决企业融资难题。以成峰园艺有限公司为代表的返乡创业企业，融资困难始终是影响其发展的难题之一。

2018年10月21日，调研四组实地考察关庄村成峰园艺种植情况。

关庄村根据实际情况，持续优化营商环境，通过国家扶贫专项资金和"精扶贷"等项目，缓解农村微小企业融资难问题；通过无息贷款模式，为下一步农村企业扩大规模减轻压力，提升了农村企业发展信心，让企业能够专注发展。

三是土地流转盘活资源，增加村民经济收入。关庄村在坚持"自愿、有偿、依法"原则的基础上，鼓励群众围绕产业发展战略，充分利用土地资源，转变原始土地耕种方式，通过土地入股或土地流转实现家庭经济增收。到2018年，成峰园艺苗木基地通过土地流转，种植面积达800余亩，盘活了退耕还林的土地资源，发展了苗木基地种植，促进了农村经济发展，增加了群众经济收入，探索出一条"流转搭台，转变观念，产业发展，农民增收"的发展之路。

四是解决根本就业问题，带动村民集体致富。在政府、企业、村民共同努力发展乡村经济的大趋势中，成峰园艺有限公司致力于服务乡村经济发展，在保证经济增收的前提下，服务村民，带动村民就地就近就业。在园艺种植、林地除草、喷洒农药和后期苗木管理方面，成峰园艺提供了大量就业岗位，充分解决了关庄村因土地不适于农耕而造成的劳动力剩余问题，大力推动了关庄村经济发展，从根本上消除了乡村农闲时无事可做、无力可施、无钱可进的现象。

四、突出问题及原因分析

在关庄村近几年发展成果显著的同时，其也存在着一系列问题，主要表现在产业发展规划不完善，发展后劲不足，造成农村经济"小、散、弱"。

（一）发展目标脱离地方实际，整体规划缺乏系统性考虑

目前，关庄村制定的发展规划以旅游业为主，旨在通过旅游业带动关庄村经济发展。但这一发展目标与关庄村现有资源禀赋和产业基础存在一定差距。一是旅游资源没有代表性，仅靠村内红旗盖山和云盘山两个观景台，以及苗木基地绿化的旅游资源，缺乏特色，不足以吸引游客。二是区位优势不足，距离周边景点较远，仅有一条交通主干道的承载力不足，很难辐射周边景区；此外，水资源的匮乏极大地限制了关庄村发展旅游产业的前景。三是缺乏文化基础，关庄村虽然侗族人口占比较高，但是其文化、建筑和习俗都已不复存在，与其他少数民族聚居地旅游景点相比不占优势。

（二）发展经验不足，同时缺乏专业技术指导

关庄村发展遇到的一个难题，是在从原始农耕方式向新农村经济型农业种植转移过程中，对新兴产业和新型模式较为陌生，发展经验不足。几年前，关庄村根据村内地形地貌，原计划种植黄桃作为村集体经济发展，但缺乏专业技术指导，导致经营不畅。在本村没有人熟悉黄桃的情况下，没有聘请专业技术人员查看检验，错将水蜜桃树苗当成黄桃树苗。同时由于前期市场风险防范意识不足，后期发现是水蜜桃之后没有以法律为支撑，造成较大经济损失。

（三）产业发展模式单一，林下空间利用率不高

作为关庄村产业发展的代表，成峰园艺创建以来，苗木基地种植规模较大，但土地利用率不高。仅靠园艺种植和绿化工程苗木种植的产业发展模式过于单一，没有综合利用土地资源。当前，苗木基地仅

2018年10月21日，调研四组访谈关庄村贫困代表徐昌官，询问贫困原因，了解脱贫现状。

发展苗木种植，造成对原有土壤的过度消耗，没有实现土地增肥再利用的效果，导致种植苗木发育缓慢，生长周期过长。另外，成峰园艺苗木基地林下空间利用率过低，林下经济空缺，造成经济增收对苗木种植和销售市场的依赖程度过高。

五、对策与建议

（一）充分利用现有资源，科学规划发展路径

针对旅游发展优势不明显、前景不确定等问题，关庄村应及时调整发展方向。立足关庄村地理环境和实际情况，综合评估关庄村社会资源、人力资源、地理资源、经济资源和文化资源，制定夯实生态、交通、民生、社会基础的短期发展目标，确立优先扩充经济实力、建

设健康宜居村落、提升居民生活水平的长期规划方向。

（二）加强与特色企业合作，带动集体经济发展

关庄村要坚持立足本村特色，着力"固笼养凤"。一是根据本村农耕经济转型契合国家退耕还林政策的机遇，以现有苗木基地为基础，加强与种植技术专业化、销售渠道多样化企业合作，引进品牌响、名气大、资本雄厚的大型园艺种植企业。二是立足现有成峰园艺公司，推广以成峰园艺苗木基地为示范的发展模式，充分利用关庄村政策资源、土地资源和已有产业资源，以园艺种植和绿化工程带动关庄村经济发展，促进关庄村集体经济积累。在园艺种植企业的支撑下，建立苗木销售兜底机制，优先解决村民后顾之忧，转变村民原始农耕的观念，提供园艺种植专业技术指导，鼓励村民自行种植或参股入股，借机扩大园艺种植规模。三是通过与专业企业合作，加强水蜜桃后期管理工作，组织专项管理人员学习水蜜桃种植管理、销售经营，实现水蜜桃常年高产、品质优良，提升水蜜桃市场竞争力。

（三）着力发展林下经济，实现土地高效复合型利用价值

关庄村园艺种植应充分利用林下空间，实现农村经济发展途径多样化，倡导村民积极投入，提高村民家庭经济收入。一是加强林下经济种植技术和运营管理培训，根据关庄村实际情况，确定林菌、林牧种养殖相结合的模式，合理规划林下经济规模，利用专业技术做好风险防范措施。二是划区域、分批发展林下经济，合理规划苗木基地区域功能，划定苗木基地观光、林下养殖和林下种植等区域；根据林下种养殖品种生长条件、发育季节和成熟周期，分批

种植或养殖，充分实现林下经济发展。三是配合朱砂古镇、夜郎谷等风景区，利用现有苗木实施绿化工程，打造旅游景点绿化植被储备库；利用林下经济发展模式，为周边农家乐提供新鲜、有特色的餐桌原材料。

参考文献

1. 中共中央、国务院：《乡村振兴战略规划（2018—2022年）》，2018。

2. 朱明勇：《"关于做好以商招商工作的思考"调研报告》，2009。

3. 苗雨露、周杨、杨春宁、孙志蓉：《我国林下经济的发展现状及建议》，2015。

4. 另青艳、何亮、周志翔、蔡绍平：《林下经济模式及其产业发展对策》，2013。

旧颜也换新装，荒野重披绿衣裳，红叶一点，幕幕好模样。时间飘逝，人留不住乡愁，乡愁也留不住人。

不见山水依旧，但藏美景其中，逐渐老去的土地里，培育着新植被，我留念的是土，你欣赏的是物。

　　从育种到草垛，从嫩芽到成熟，从村野到餐桌，夹带着田间的细语，伴随着哒哒的打谷声，飘散着柴火的香气。乡愁是农忙时的嬉声，是劳作时必不可少的农具，是茶前饭后的一点牢骚话语。

外部优势"加速器"
内部因素"源动力"

——新庄村调研报告

  2018年10月23日,铜仁市万山区转型可持续发展大调研第四小组赴新庄村开展了为期1天的调研。调研组与新庄村包村干部、驻村干部和村支监"三委"召开了座谈会;实地考察了集体经济莲藕基地和新田组组长姚本吉种植的红豆杉基地;专访了包村干部杨秀钢(高楼坪乡党委副书记和政法委书记)、前任驻村干部罗水华(万山区委党史研究室副主任)、现任驻村干部杨云(万山区委党史研究室工作人员)和脱贫代表吴泽良;走访了党员代表滕树田、贫困代表姚茂永和姚本吉等十户农户。

  调研期间,调研组着重了解了新庄村"村转居"现状、剩余劳动力安置问题和新庄村脱贫致富经验等内容。针对新庄村面临"村转居"管理模式转变挑战大、剩余劳动力安置不固定等难点,调研组提出创新管理机制、建立劳务转移和多种劳务输出模式等建议。

一、基本概况与历史沿革

（一）基本信息

新庄村原属赶场坝村，2009年因村级行政区域调整被划拨为新的行政村。该村位于高楼坪乡西北部，距乡政府1.5公里，地处东经109°16'，北纬27°50'，东与高楼坪村相连，南与大树林村接壤，西抵亚鱼乡郭家湾村，北与赶场坝村、林海村毗邻，平均海拔714米。全村辖地面积9.7平方公里，耕地面积为1106亩，其中水田823亩、旱地283亩。农作物以水稻、玉米、油菜等为主。

全村下辖15个自然村寨、18个村民小组，分别是雷打坡组，六化园一组、二组，茨董上组，新庄一组、二组，杉木园组，白虎园组，山背组，黄水屯一组、二组，大山组，汤家组，滕家组，鸭林寨组，大院子组，新田组和桐木湾组，居住着侗、苗、汉等民族人口，以姚姓、吴姓、罗姓为主。

户籍人口方面。截至2018年10月，新庄村共有540户、1717人，60岁以上230人，90岁以上10人，分别是杨长英（女，汉族，97岁）、罗木莲（女，汉族，97岁）、杨月香（女，侗族，95岁）、廖老连（女，汉族，95岁）、刘老菊（女，汉族，93岁）、杨银香（女，侗族，91岁）、滕久铭（男，汉，90岁）、张金元（女，汉族，90岁）、滕远生（男，汉，90岁）、刘世妹（女，侗族，90岁）。全村有劳动能力户530户、1700人，有劳动力外出务工56户，致富能人6人。

（二）精准脱贫

2014年初，新庄村建档立卡户共68户、240人，为非贫困村。脱贫攻坚以来，2014年脱贫17户、65人，2015年脱贫6户、30人，2016年脱贫7户、30人，2017年脱贫34户、101人，现仅有未脱贫人口4户、14人，贫困发生率降低至0.82%。全村有低保户87户、139人（其中建档立卡户43户、79人），五保户2户、2人（建档立卡贫困户），残疾户70户、74人（其中建档立卡户23户、27人），重病户7户、7人（其中建档立卡户5户、5人）。产业扶贫方面，一是实现产业扶贫，新庄村草莓园惠及建档立卡贫困户分红共67户，每户820.89元；享受九丰企业分红共40户，每户1600元。二是落实扶贫小额信贷，新庄村共有2户享受小额信贷，信贷帮扶资金共6万元。三是推动产业奖补，为13户种养殖大户提供产业奖补，奖补资金每户1000元到13600元不等，共计75000元。

（三）基层组织

新庄村基层组织制度比较完善，包村干部杨秀钢，2017年开始驻

2018年10月23日，调研四组与新庄村包村干部杨秀钢、村"三委"召开座谈会。

新庄村开展脱贫攻坚工作，驻村工作队队员有杨秀钢、左秀刚、代生祥、吴稳、万兆田、姚怡廷、杨云。现驻村干部为杨云。新庄村党支部下辖6个党小组，党员41名，现任村支书姚元炎，村主任姚元金，监委会主任姚元孝，支部委员刘贵珍，监督委员吴朝金、罗权佳。

二、基础条件与特色优势

2012年12月，贵州省人民政府批准成立省级经济开发区——贵州万山经济开发区，位于铜仁市万山区东部，成为黔东工业聚集区的重点产业园区。万山经开区总占地10平方公里，其中6平方公里在原新庄村境内。经开区的建设，为新庄村发展提供了巨大的推动力。

（一）基础设施

道路交通方面。万山经开区建立以来，新庄村交通网络逐步完善，境内2号主干道贯穿全村，通组路和连户路硬化率达100%。目前，新庄村5号和6号主干道正在修建当中。

饮水安全方面。新庄村实施饮水安全工程以来，全村共有11个自然村寨接入城市自来水，建有集中式安全人饮供水点4个，实现了全村18个村民小组安全饮水全覆盖。

网络基础方面。2017年，所有农户均接入国家电网，享受全国同网同价电力资源，已完成农电网全面改造。全村实现移动、电信信号和4G网络无盲区全覆盖。

住房保障方面。新庄村一是组织落实"农危改"，坚决保障农村住房安全，共实施"农危改"77户（其中建档立卡贫困户30户）；二是易地扶贫搬迁，新庄村共实施易地扶贫搬迁4户（建档立卡贫困户4户）。

医疗保障方面。新庄村为建档立卡贫困户代缴合作医疗保险68户、240人，代缴金额28800元，全村2017年医疗费用补偿共计290345.33元。在教育保障方面，新庄村全村所有适学儿童无一人辍学，其中享受教育资助的建档立卡贫困户34户、55人，共计金额81000元。

基础设施方面。新庄村共修建农民文化综合广场4个，安装太阳能路灯110盏，修建设施完备、功能齐全的村卫生室一个，320平方米的村级活动室一个。

（二）文化特色

新庄村曾为省溪县（现万山区）苏维埃政府所在地，红色文化底蕴厚重，凝结着红军领导人与新庄村艰苦和荣耀的奋斗历史。1934年至1936年，贺龙部队曾几次经过万山，打击地方反动势力。1934年末，贺龙率红军撤出省溪县城后，国民党反动派疯狂反扑，派部队在新庄村实施围剿，屠杀了25人，新庄村村民不畏牺牲，顽强抵抗，为新庄村红色革命书写了最为厚重的一笔。

（三）产业发展

2017年，新庄村驻村工作队与村"三委"对新庄村建立100亩莲藕基地的可行性进行了调研分析。新庄村根据实际情况，利用山背组田好、水好，交通也便利的优势，大力发展莲藕种植项目。该项目采取"党支部＋村集体＋基地＋企业"的发展模式，实现村民集体抱团式发展，并与铜仁市江宗纯味有限公司达成莲藕供应协议，保障了莲藕市场销路。

三、创新实践与发展模式

在推进脱贫致富路上与实现乡村振兴进程中，新庄村充分利用经开区发展的外部条件，结合新庄村村民顽强不屈、奋力向上的内部因素，主动实践、积极探索，形成了内因和外因统筹协调发展的新模式。

（一）紧抓外部优势"加速器"，实现农村脱贫致富

新庄村充分把握经开区发展红利，利用经开区交通方便的优势，通过种养殖一体化保障村民家庭收入稳步增长；抓住大企业入驻经开区的机会，着重优先解决新庄村失地农民就业问题。通过紧抓经开区发展机会，新庄村交通运输条件、城市服务设施、村民就业环境等发生了跨越式变化，为新庄村脱贫后的乡村振兴奠定了坚实的基础。

一是利用区位优势，紧抓经开区发展红利，巩固精准脱贫成果。受经开区发展的影响，2号交通主干线贯穿新庄村，目前5号线和6号线的新庄村段已开始施工。新庄村利用交通便捷和经开区人流量大的优势，合理利用剩余土地，大力发展集体经济草莓园，种植多个品种的草莓，结合乡村农家乐和村民种养殖一体化发展模式，得到大量经开区工作人员和外地家禽收购商的青睐，推动新庄村经济发展更上一层楼，进一步巩固了精准脱贫成果。

二是立足区域发展矛盾，解决劳动力剩余问题，夯实乡村振兴基础。经开区建设征收了新庄村6平方公里的土地资源，造成大量失地农民，导致新庄村无技能型劳动力剩余过多，但是经开区引进大批新技术型企业，提供了部分就业岗位。鉴于此，新庄村根据企业需求，集中培训失地农民，并向企业推荐培训合格员工，解决了新庄村大部分

2018年10月23日，调研四组实地考察新庄村2号干道建设情况。

失地农民再就业困难的问题，稳定了新庄村失地农民的家庭经济收入，为新庄村实现乡村振兴夯实了经济和社会基础。

（二）统筹内部因素"源动力"，助力实施乡村振兴

在新庄村这几年的发展过程中，涌现了一批积极向上、吃苦耐劳、不畏艰难的致富能人，他们这种敢闯肯拼、想做能干的内生品质为新庄村发展奠定了精神层面的重要基础。具体表现为以下几方面。

一是鼓励积极探索，倡导自强不息精神。新庄村村"三委"致力于农村自主发展，找准农村发展难点与优势，鼓励村民自主发展、自强不息。脱贫攻坚工作开展以来，驻村工作队和村"三委"聚焦新庄村因丧失劳动力致贫的村民吴泽良，通过宣传落实国家发展农村的倾斜政策，组织技能培训，鼓励吴泽良要乐观积极、主动探索，利用剩

余土地资源实现经济价值。经过几年的摸索，吴泽良通过与家禽兽医建立合作机制，利用葡萄种植和家禽养殖实现了脱贫致富目标，也成为新庄村励志精神的代表人。不但自身脱贫致富，吴泽良还带动村民共同发展家禽养殖，努力打造"葡萄种植＋家禽养殖＋半成品销售＋带动村民共同发展"的农村种养殖一体化发展模式。

二是树立家国情怀，弘扬奋斗奉献精神。万山经开区建设对土地资源需求量较大，导致失地农民众多。面对此类情况，新庄村积极开展宣传工作，大力弘扬奋斗奉献精神。在这种精神的感召下，村民吴泽良主动协调内部矛盾，鼓励村民支持政府，在小家与国家之间要力所能及地助力乡村建设和国家发展。正所谓"大河有水小河满，大河无水小河干"。

四、突出问题

新庄村在主动实践和积极探索中，形成了好的发展经验，但其在村民转居民和剩余劳动力安置上也遇到了发展难题。

（一）"村转居"管理体制与现代化城市管理要求之间不协调

新庄村"村转居"正处过渡初期，最突出的问题表现在"村转居"体制建设与管理模式无法满足现代化城市管理要求。一是尚未实现从村委会工作模式向城市居委会工作模式的过渡与转变，管理模式创新不足，无法实现由行政职能向服务职能的转变。二是医疗、教育、社会保障等公共服务停留在农村水平，"村转居"仅实现了身份转变，公共服务设施无法满足城市建设需求。三是受传统农耕方式和观念的影响，村民传统劳作方式与生活习惯无法完全契合城市发展模式和社会管理体系。

(二) 劳动力剩余过多与就业条件不成熟之间的矛盾突出

新庄村受经开区发展影响，部分村民耕地被征收、住房被拆迁，导致村内剩余劳动力过多，而就业环境承载力不足。剩余劳动力安置问题成为新庄村转型发展中亟待解决的难题。一是经开区引进企业面向整个劳动力市场开放，对于新庄村的就业吸纳能力有限，新庄村剩余劳动力无法妥善安置。二是经开区正处在发展初期，引进企业缺乏系统性统筹，受经开区就业市场影响，新庄村剩余劳动力输出偏向性严重，特别是"5060"人员劳动力安置困难。三是就业环境虽然宽松，但就业要求提高，而大部分村民文化素质不高，缺乏专业技术，造成失地村民与企业岗位不匹配。

五、对策与建议

调研组就新庄村"村转居"管理模式转变挑战大、剩余劳动力安置不固定等难点，在实地考察的基础上，提出以下对策与建议。

(一) 坚持政府主导原则，创新"村改居"管理体制

新庄村"村转居"要坚持政府主导原则，把握转型方向，创新管理模式，完善"村改居"社区居委会"行政＋服务"体制。一是立足实际，既要基本保持原状，又要适度创新改革，使"村改居"逐渐转型为适合城市社区发展要求的管理组织，实现村委会与居委会的适度

2018年10月23日，调研四组访谈新庄村前驻村干部罗水华。

融合。二是推进城乡公共服务均等化发展，结合政府公共基础设施建设项目，进一步完善医疗、教育、社会保障等基础设施，提升服务水平。三是强化村民培训教育，提高居民素质，充分利用报纸、广播、电视、活动、宣传册等形式对居民进行培训教育；加强行为规范教育，开展政策制度、法律法规的教育，加快村民转居民速度，规范"新居民"生产生活行为准则，做一个遵纪守法、依法办事的公民。

（二）鼓励自主经营发展，构建产业多元化转型发展体制

新庄村转型发展要统筹兼顾，既要紧跟政府发展方向，充分利用经开区倾斜政策，又要坚持独立自主，构建产业多元化转型发展体系。一是加大新庄村群众自主经营宣传力度，鼓励群众紧抓区位优势，寻找市场机遇。二是整合家庭资源，把握市场需求，定向定量向经开区

提供特色农产品和优质服务。三是促进"农村超市 + 农家乐"共同发展，提高产品质量，将新庄村打造成休闲度假、餐饮娱乐的综合型城市服务村舍。

（三）加大培智引智力度，解决新庄村劳动力剩余问题

新庄村在脱贫基础上实现乡村振兴和村居转型，要结合自身优势，整合剩余资源，采用"培智 + 引智"相结合的模式，利用培训课程、技校和成人学校，集中培训群众文化基础、劳动技能和管理技巧，培养一批有文化、懂技术、会经营、肯做事的致富能手。同时，利用新庄村剩余劳动力资源和邻近经开区的区位优势，吸引有经验的社会管理团队加入，组建劳务输出公司，确定劳务输出方向和类型，加强与大型劳务需求公司的合作，解决群众就业问题。

参考文献

1. 操世元、王永胜:《"村转居"社区特点、问题与建设方向》，2010。
2. 黄丹丹、彭子辉:《内因、外因、创新三结合，打造瓮安教育亮丽名片》，2017。

后 记

作为一个有着几千年历史的农业大国，"三农"问题一直是关系我国经济和社会发展全局的重大问题，并得到众多专家学者的持续关注和研究。我国社会学大师费孝通先生所著的《江村经济》，对20世纪30年代中国农民的生活做了系统深刻的描述，掀起了我国乡村调查研究的热潮，被誉为"人类学实地调查和理论工作发展中的一个里程碑"。随着工业化、信息化、城镇化、农业现代化的加速推进和叠加效应凸显，乡村作为中国乡土社会的基础单元，正在经历前所未有的变化。党的十九大报告首次提出实施乡村振兴战略，乡村未来到底何去何从开始重新引起社会各界的高度关注和广泛思考，各级政府也把实施乡村振兴战略摆在了优先位置。

在此背景下，铜仁市委、市政府全面贯彻落实习近平新时代中国特色社会主义思想，聚焦乡村振兴战略的实施，组织安排了万山转型可持续发展大调研，铜仁市人民政府发展研究中心联合北京国际城市发展研究院、贵阳创新驱动发展战略研究院组成了万山转型可持续发展课题组，开展了为期一年的跟踪研究与成果转化工作。自2018年5月起，铜仁市委、市政府首席顾问连玉明带领课题组人员先后赴万山开展了三次前期摸底调研，分别对产业园区（铜仁高新区、万山经开区）、旅游品牌（朱砂古镇、彩虹海）、重点企业（万仁新能源汽车公司、九丰农业博览园）以及部分乡镇（高楼坪乡、万山镇）进行了实地考察，并与万山区委、区政府进行了座谈交流，把握了万山乡村发展的总体情况和基本脉络。

2018年9月，课题组反复学习领会习近平总书记关于实施乡村振兴战略的重要论述，编辑了万山区乡镇（街道）与村（社区）基础资料，为开展万山转型可持续发展大调研做好了前期准备。

2018年10月13日至28日，课题组组织北京国际城市发展研究院、贵阳创新驱动发展战略研究院、铜仁市人民政府发展研究中心研究人员组成86人的调研团队，赴铜仁市万山区各部门、重点企业、乡镇（街道）、村（社区）开展了为期15天的集中调研。调研期间，课题组共召开了100余场座谈会，实地考察了100多个产业项目，走访近1000户群众，重点访谈约500人，实现了95个村（社区）、重点部门、重点企业的全覆盖，撰写形成了90篇[①]调研报告。调研结束之后，课题组通过对调研报告进行修改完善，撰写形成了《山村调查》（五卷）。本书重点研究了五个方面的问题。

一是摸清基础情况。课题组深入各村（社区），系统收集了全区各村（社区）的地理位置、平均海拔、主要民族、主要姓氏、

---

① 出于行政区划调整、易地搬迁以及个别村（社区）体量较小等原因，有5个村（社区）没有单独形成调研报告，故调研报告总篇数为90篇。

户籍人口、贫困人口、党员数量等基础信息，统计了各村（社区）水、电、气、网络、道路、学校、文化广场、社区医疗机构和养老机构等基础设施和商铺、宾馆旅社、驻区单位、集体经济等基本情况，总结了建国70周年，尤其是改革开放40年来万山各村（社区）的发展变化。

二是找准优势特点。课题组走进田间地头，深入村寨山林，围绕各村（社区）的自然资源、文化遗产、农业项目等进行了调查和分析，找准了各村（社区）的优势与特色，为其今后的发展提供了思路与方向。

三是挖掘典型经验。通过座谈交流，课题组发现并挖掘了一批具有典型示范价值的经验模式，如"九丰农业＋"农旅融合发展模式、"龙头企业＋贫困户"产业扶贫模式、"622"集体经济产业扶贫分红模式等。这些典型经验模式是万山人民勤劳智慧的集中体现。

四是发现突出问题。通过与各村（社区）领导干部、群众的沟通交流，课题组归纳总结了当前万山各村（社区）发展中面临的主要问题和工作难点。比如，村集体经济发展壮大的问题，农村创新创业资金不足的问题，农村留守儿童的教育问题，乡村医生、乡村教师流失的问题，农产品对外销售难的问题等。这些问题既是万山各村（社区）存在的个性问题，也是广大农村地区普遍存在的共性问题。

五是提供对策建议。课题组根据各村（社区）的发展现状、特色优势以及存在问题，提出了有针对性的问题解决方案与建议，这不仅有利于促进万山各村（社区）的健康发展，对于其他农村地区的发展也具有重要的借鉴意义。

在开展调研和撰写书稿的过程中，铜仁市委、市政府专门下发通知，并由市委、市政府主要领导担任调研组组长和副组长，为大调研工作提供了全面保障。万山区委、区政府不仅为大调研工作提供了信息保障、车辆保障、食宿保障和安全保障，还在书稿的撰写、修改过程中给予了充分支持，提出了许多宝贵的修改意见。万山区全体党员干部及广大群众积极配合调研工作，不仅提供了丰富的素材与数据，还提供了许多基层工作的思考与建议。可以说，《山村调查》（五卷）凝聚了铜仁市、万山区两级领导干部和基层群众的思想和智慧，是对万山乡村社会的一次立体式呈现。此外，社会科学文献出版社社长谢寿光高度重视本书的出版工作，指示组织多名编辑对本书进行精心编校、精心设计，保证了本书的如期出版。在此，一并表示感谢！

在研究和编写本书过程中，我们充分利用调研资料，尽力搜集最新文献、吸纳最新观点，以期丰富本书的思想及内容。但受著者水平所限，难免有疏漏之处，恳请读者批评指正。

2019年9月12日